예수님과 걷는 길 2편
침묵기도와 묵상

Journey With Jesus Two
Silent Prayer and Meditation

이영희 지음
Yong Hui V. McDonald

『예수님과 걷는 길 2편, 침묵기도와 묵상』
(*Journey With Jesus Two, Silent Prayer and Meditation*)
지은이: 이영희 (Yong Hui V. McDonald also known as Vescinda McDonald)
그린이: Alaina Mangeri Gobb, Mario Muñoz, Mannie D. Serna, Holly Weipz
영어 초판 발행/ 2014년 4월 1일
한국어 초판 발행/ 2014년 4월 5일
© 2014 이영희 (Yong Hui V. McDonald)
표지 디자인: 르넷 맥클레인 (Lynette McClain)
표지 그림: 박영득 (Holly Weipz)
주 편집: 김성민
편집: 김승인 목사, 박영득, 김옥순, 김성숙, 홍영학
펴낸곳: 아도라 (Adora Productions)
ISBN: 978-1497424661
홈페이지: www.maximumsaints.org
　　　　 http//blog.daum.net/leeborn777
　　　　 www.griefpathway.com
　　　　 www.veteranstwofish.org
이메일: tppm.ministry@gmail.com
　　　 yonghui.mcdonald@gmail.com
한국 연락처: 이본 목사, 변화 프로젝트 부장
　　　　　　 하늘문교회, 인천시 남동구 구월3동 1388-15
　　　　　　 우편번호 405-840
Cell: 010-2210-2504, 교회전화: 070-8278-2504
이메일: leeborn777@hanmail.net
(본문의 성경구절은 대한성서공회의 개역개정판을 따랐습니다.)
(아도라는 스페인어로 Adora이고 영어로는 Adoration으로서 하나님을 깊은 사랑과 존경으로서 경배한다는 뜻으로 사용이 되었습니다. 아도라의 목적은 문서를 통하여 예수님의 사랑의 이야기를 땅끝까지 전하여 사람들의 영적인 성장과 치유를 추진하는 것입니다.)

이 책을 당신께 바칩니다

　이글은 내가 가장 소중하게 생각하며 사랑하는 하나님 아버지, 예수님, 성령님과 나를 위해서 평생을 기도를 해주신 어머니와 주님의 나라를 세우는데 열심을 다하고 또 기도하시고 계신 분들을 위해서 바칩니다. 예수님께서 이 글을 통해서 영광 받으시기를 원합니다.

감사의 글

　이 책이 출판될 수 있도록 수고하시고 편집을 도와주신 김성민, 박영득, 김승인 목사, 김옥순, 김성숙, 홍영학과 아름다운 표지와 삽화를 그려주신 박영득, 그리고 아담스 카운티 교도소에서 삽화를 그려주신 Alaina Mangeri Gobb, Mario Muñoz, Mannie D. Serna에게 진심으로 감사를 드립니다. 놀라운 은혜와 기적을 보여주시며 교도소 선교와 문서 선교의 문을 열어주신 하나님께 깊은 감사를 드립니다.

차례

바치는 글
감사의 글
서문

1장: 예수님과 걷는 길 2편 / 9
   1. 기적
   2. 미래의 계획이 새겨진 돌
   3. 가장 중요한 일
   4. 돌 같은 심장
   5. 죽어가는 남자
   6. 성만찬
   7. 꺼진 촛불
   8. 기도의 줄
   9. 선물 바구니
   10. 더러운 시궁창
   11. 슬픈 사람들
   12. 주님의 뜻
   13. 마음의 빈깡통
   14. 은혜
   15. 거지의 깡통
   16. 아픈 남자
   17. 제 멋대로 빛나는 돌

18. 새는 지붕
19. 청소하는 사람들
20. 부자의 잔치
21. 얼음판의 낚시
22. 평화
23. 빨래줄
24. 잔치
25. 여행가방
26. 추운 겨울
27. 사랑

2장: 나의 침묵기도 / 131
3장: 마음의 빈깡통과 하나님 사랑 / 135
4장: 거지 깡통과 자기사랑 / 142
5장: 침묵기도를 배우는 30일 간의
　　　기도 프로젝트 / 150

부록
　예수님께로 초대 / 164
　변화 프로젝트 / 166
　하늘문선교회 / 167
　재향 군인회 재단 / 167
　저자 소개
　그린이 소개

서문

나의 책 『예수님과 걷는 길, 비전, 꿈, 묵상과 회상』은 내 삶 전체를 바꾸었다. 주님께 콜링을 받고도 요나처럼 도망가던 내가 그 책을 쓰면서 예수님의 사랑을 이해하게 되었다. 또 죽어가는 영혼에 대한 주님의 크신 사랑에 감동을 받고 나는 성령님만 의지하고 순종을 하면 된다는 생각에 사역을 시작했다.

교도소 선교를 하라는 주님의 부름을 받고 1999년 아일맆 신학대학원을 시작한 후 교도소 선교부를 조직하여 신학생들과 함께 8군데의 교도소를 방문하고 복음을 전하면서 많은 은혜를 받았다.

2003년부터는 콜로라도 주 아담스 카운티 교도소에서 목사로 사역을 시작했다. 그곳에서 교도소 선교와 변화 프로젝트 문서 선교를 통해서 영적 부흥을 보게 하셨다. 성령의 능력과 하나님의 은혜로 문서 선교가 계속 성장이 되어서 미국뿐 아니라 한국에서도 변화 프로젝트가 시작되었다. 그것은 하나님의 은혜이다.

그런데 사역에 바쁘다는 핑계로 주님과 보내는 시간에 소홀해 지면서 주님은 2013년 12월 8일 침묵기도를 하라고 부르셨다. 기도를 한다고 하면서도 스스로는 도저히 주님과 시간을 많이 보내지 않았으므로 강권적으로 침묵기도를 시키신 것이다.

이 침묵기도중에 주님께서는 『예수님과 걷는 길 2편』을 쓰게 하셨다. 이 책은 나의 기도생활에 큰 혁신을 가져왔다. 기도의 중요성과 특히 침묵기도를 통해서 주님의 음성을 듣고 주님의 인도하시는 사역에 초점을 두어야 한다는 것을 배웠고 전에 할 수 없었던 규칙적인 기도의 습관을 가지게 되는 계기가 되었다.

이 책을 쓰게하신 주님의 사랑과 침묵기도의 중요성을 가르쳐주신 것에 감사를 드린다. 이 책을 읽으시는 분들이 주님의 음성을 듣고 그분과 더욱 가까운 사랑의 관계를 가지는 시간이 되기를 위해서 기도한다.

2014년 2월 6일

이영희
Yong Hui V. McDonald

1장:
예수님과 걷는 길 2편

예수님과 걷는 길 2편

1. 기적

 예수님과 함께 걷는 길은 언제나 사랑이 가득했다. 그 길을 걷기로 결정한 후 소녀는 예수님이 주시는 많은 음식을 배고픈 사람들에게 나눠주기 시작했다. 그분의 뜻에 따라 쓴 책들은 영적으로 굶주려 있던 사람들에게 생명의 양식이 되어 주었고 그 일들을 통해 그토록 보기 원했던 영적인 부흥을 보게 되었다.

 그것은 기적이었다. 조그만 빵 조각으로 수만명을 먹이시고 귀신에게 사로잡혀 고통속에 살고 있는 사람들을 자유케 하시어 그들이 기뻐 춤추는 모습을 보며 소녀는 주님에 대한 확신과 믿음이 자라났다. 죽음의 문턱까지 갔던 이들이 새 힘을 얻어 다시 일어나 주님을 위해 사역을 시작하는 모습을 볼 때마다 놀라움에 손뼉을 쳤다.

 "예수님, 당신이 하신 일이지요?" 소녀는 기쁨에 넘쳐서 환성을 질렀다. "이런 주님의 능력을 눈으로 볼 수 있게 해주신 것에 대해서 감사합니다."

    예수님은 노란 민들레 꽃이 만발한 언덕으로 소녀를 데려가셨다. 그곳은 예전에 한 번도 가보지 못한 고요하고 아름다운 곳이었다. 밝게 빛나는 햇살아래 새들의 노래는 그녀의 가슴속에 스며들고 잔잔한 바람은 꽃향기를 품고 있었다.

    "아, 이렇게 아름다운 곳이 있으리라고는 상상도 못했어요."

그녀는 꽃밭을 뛰어다니고 뒹굴기도 하다가 눈을 감고 아름다운 꽃들을 만끽하며 대화를 시작했다. 들판을 뒤덮은 민들레는, 지역에 따라서 잡초로 분류되어 제초제를 뿌려 말려버리기도 하는데 이곳에서는 그 어떤 화려한 꽃보다도 아름답게 피어서 하나님의 사랑을 나타내고 있었다. 푸른 하늘과 흰 구름이 꽃과 어우러져 주 하나님 지으신 모든 세상을 찬양하는 그 놀라운 광경에 입을 다물 수 없었다. 그녀는 꽃들에게 하나님의 위대하심에 대해 속삭였다.

그 광경을 말없이 미소지으며 바라보던 예수님은 소녀의 어깨를 부드럽게 흔드셨다.

"나의 사랑하는 딸아, 이것이 너의 기도에 대한 응답이란다."

"주님, 알고 있어요. 제가 보기 원했던 영적 부흥을 보게 해 주셔서 감사합니다."

"그래, 너의 기쁜 마음 잘 알고 있지. 그러나 우리에게는 가야 할 길이 있단다."

소녀는 손에 든 꽃의 향기를 맡으며 대답했다. "저는 이곳이 좋은데요."

"애야, 이곳은 잠시 쉬었다 가는 곳일 뿐이란다."

"무슨 말씀이세요? 이렇게 좋은 곳을 본 적이 없는 걸요. 이 곳에 머무르고 싶어요."

예수님은 아무 말도 하지 않으셨다. 침묵이 흐르는 가운데 소녀는 다시 꽃밭 속을 달리기 시작했다. 아름다움을 마음속 깊이 느끼려고 씨가 맺혀 있는 꽃들을 따서 후후 불기 시작했다. 씨가 공중으로 날아가는 것을 보는 소녀의 얼굴은 웃음이 가득했다.

예수님이 말씀하셨다. "나의 사랑하는 딸아, 네가 기뻐하는 것을 보니 나도 기쁘다. 그러나 이곳은 우리가 영원히 머물 곳이 아니란다. 이제 네가 결정을 해야 할 때가 왔다. 네가 나를 사랑하느냐? 아니면 이 꽃들을 더 사랑하느냐?"

소녀는 계속 꽃씨를 불면서 예수님을 쳐다보지 않은 채 담담히 말했다. "저를 이 곳으로 데려오신건 바로 예수님이세요. 천국같은 이 곳에서 꽃들이 더 많이 필 수 있도록 씨를 날리겠어요. 저는 이 곳이 정말 좋아요. 제가 좋아하고 즐기는 것을 주님도 기뻐하시잖아요. 그게 잘못된건가요?"

예수님은 신중하게 말씀하셨다.

"내 사랑하는 딸아, 내 말을 잘 들어보렴. 나를 따라오려면 결정해야 한다. 우리가 가야 할 길은 아직도 남아있는데 네가 그토록 꽃밭을 사랑하고 마음을 뺏긴다면 내가 가는 길을 따라올 수가 없다. 그러니 꽃을 더 사랑하는지 나를 사랑하는지 너의 마음을 결정해야 한다."

소녀는 하던 일을 멈추고 잠시 생각에 잠겼다. 교도소 선교를 통해 많은 영혼들이 변화되고 주님을 위한 사역을 시작하는 모습을 보며 놀라워하다 보니 선교에 온통 관심을 쏟은 채 정작 예수님이 원하시는 것에 대해 생각해보지 못한 것이다. 영적 부흥은 놀랍고

귀한 일이지만 그것은 성령님께서 하시는 일이고 소녀는 예수님과 함께 계속 가야할 길이 있다는 것을 잠시 잊고 있었다. 잠시 피었다 이내 지고 마는 꽃을 예수님보다 사랑할 수 없다는 것을 깨달은 그녀는 대답했다.

"이 아름다운 꽃들에게 마음을 빼앗겨 주님과 걸어가야 한다는 것을 깜빡 잊어 버렸어요. 당신은 나의 삶에서 가장 중요하고 귀하신 분이십니다. 이런 아름다운 곳을 구경시켜 주셔서 감사합니다. 주님, 사랑합니다."

예수님의 입가에 미소가 떠올랐다. "그래, 옳은 결정을 했구나. 나도 너를 사랑한다. 나의 생명보다도 더 사랑한단다."

예수님은 그녀의 손을 잡고 빙빙 돌리시며 사랑의 눈으로 그녀를 바라보았다.

그녀는 예수님의 사랑을 온 몸과 마음으로 느끼며 그곳에서 더할 수 없는 행복을 깨달았다. 예수님은 그녀를 위하여 십자가에 죽으시고 부활하셔서 이제는 그녀와 함께 동행하고 계신 것이었다. 소녀가 어둔 밤 혼자 늑대들의 울음소리에 두려워하며 걷고 있을 때, 뱀에게 물렸을 때도 예수님은 그녀를 안전한 길로 인도하시며 치유하시고 돌보아 주셨던 기억을 떠올리며 사랑과 능력의 예수님이심을 확신했다.

"주님, 저를 도와주셨던 사실을 절대 잊지 않을거에요. 그러니 여기 조금만 더 머물면 안될까요? 여기가 정말 좋아요." 소녀는 간절한 소망을 담은 눈빛으로 애원했다.

"안돼." 예수님의 반응은 확고하고 단호했다. "우리가 갈 곳이 많이 남아있어. 너를 영원한 처소로 인도하는 것이 나의 목적이란다. 아버지 집으로 가는 길에 이렇게 아름다운 곳은 얼마든지 볼 수 있단다."

"아주 조금만 더 있으면요?"

"아니다. 이제 떠날 시간이다. 일어나거라. 여러 군데를 거쳐서 나의 아버지 집으로 너를 인도하겠다. 오직 나와 같이 걷는 길만이 아버지의 집으로 널 데려다 줄 수 있다."

소녀는 아쉬움이 가득한 눈빛으로 꽃을 몇 송이 꺾어들고 주님의 손을 잡았다. 마지막으로 한번 더 들판의 꽃밭을 돌아보고 길을 떠났다.

2. 미래의 계획이 새겨진 돌

길을 걷는 동안 소녀는 작은 돌을 손에 쥐고 만지작거렸다. 혼자 갖고 놀기에 적당한 크기인 돌은 아름답게 빛나는 갈색이었고 몰래 간직해온 것이었다. 예수님이 아신다면 분명 달라고 하실게 확실했으므로 이야기 하지 않았다. 예전에도 여러 개의 돌을 갖고 걸었는데 예수님의 명령으로 다 내놓을 수밖에 없었다. 주님의 사역을 하는 사람들에게 이 돌들은 결국 짐이 되어서 영적인 전쟁을 해야할 때 방해가 되므로

다 내려놓아야 한다고 하신 말씀이 기억났다. 그러나 아무리 소녀가 숨긴다해도 예수님이 그것을 모르실리 없었다.

하루는 소녀가 그 돌을 이리저리 굴리고 있는데 예수님이 보고 계신다는 것이 느껴졌다. 순간 그녀는 뒤로 돌을 숨겼다. 한동안 침묵이 흐른 후 예수님이 말씀하셨다.

"나의 사랑하는 딸아, 너의 돌을 나에게 주렴."

자기도 모르는 사이에 돌을 쥔 손에 힘이 들어갔다. "예수님, 이 돌은 제가 정말 좋아하는 거에요. 전혀 무겁지도 않고 짐이 될 것 같지 않아요. 저번에 돌을 달라고 하셔서 가진 모든 걸 드렸던거 기억하시죠? 이 돌은 제가 갖고 싶어요. 네?"

"애야, 그 돌이 무슨 돌인지 아니?"

그 질문을 받은 후 다시 돌을 들여다보니 전과 다르게 돌 위에 써있는 글씨가 보였다. "이상하다…내가 왜 이것을 보지 못했을까요? 돌 위에 '내 미래의 계획'이라고 써 있어요."

"나에게 너의 돌을 주렴. 네가 세운 미래의 계획들을 나에게 주지않겠니?"

"제 미래의 계획이니 제가 세워야지요. 그리고 그 내용도 주님을 섬기도록 계획을 세웠답니다."

"내 사랑하는 딸아, 너가 잘 이해하지 못한 부분이 있구나. 나를 따라 오려면 너의 계획을 다 내게 내려놓아야 한다. 네가 그 돌을 가지고 있는 한 너는 온전

히 내가 원하는 것을 할 수가 없게 된다. 말로는 나를 따라온다고 하지만 결국 나에게 따라오라고 하는 것과 다를 바가 없는 것이지. 나에게는 너에 대한 계획이 있다. 그러니 그 돌을 나에게 주고 너의 앞 길을 내게 맡겨라."

거역할 수 없는 근엄한 얼굴의 예수님은 손을 내미셨다. 소녀는 뒤로 한 발 물러서며 돌을 더 꽉 움켜쥐었다. "예수님, 왜 그렇게까지 해야하나요? 이미 저의 모든 것을 드렸잖아요. 제 생명까지 내놓고 따라 나선 길인데 잊으셨어요?"

"너의 마음은 알고 있지. 그러나 나를 따르려면 완벽하게 모든 것을 비우고 내려놓아야 한다. 너가 자신을 위한 계획을 버리지 못한다면 아무리 좋은 일을 한다해도 그것은 너가 너를 섬기는 것이 될 뿐이다."

"예수님, 이 돌을 드리는 것이 왜 이렇게 어려울까요? 제가 그정도로 돌을 사랑하고 있는지 몰랐어요. 주님을 섬기는 일이라면 무조건 좋은 것이라고 생각하고 계획을 세웠는데 잘 이해가 안되네요…"

"나의 사랑하는 딸아, 그것은 네가 나를 완전히 신뢰하지 못하기 때문이다. 너의 미래에 대한 최상의 계획을 내가 갖고 있다는 것을 믿지 못하는 것이지. 수많은 영혼들이 구원을 받아야하고 그러기 위해서는 사역하는 이들이 내가 원하는 곳에서 일을 해야 한다."

"그런거였군요. 지금까지 제가 주님을 신뢰하지 못한다고 생각 해본 적이 없어서 잘 몰랐어요. 주님은 언제나 최고의 계획을 갖고 계신분이에요. 저를 교도소 선교를 하라고 부르시고 영적 부흥을 볼 수 있도록 해주셨어요. 그 큰 은혜를 생각하면 죽을 때까지 그 일을 하고싶은 마음이에요. 그런데 제가 계속 교도소 선교를 하는 계획을 세운것이 왜 잘못인가요?"

"그렇지 않아. 교도소 선교 하는 것이 잘못됐다는 말이 아니라 그 일만을 하는 것을 원치 않는다는 말이야. 나는 너가 교도소 밖에 있는 많은 영적인 지도자들을 돕기 원한다. 미국뿐만이 아니라 전 세계의 지도자훈련을 하기 원한단다."

"주님, 저는 이미 교도소에서 영적인 지도자들을 훈련을 시키고 있잖아요."

"네 말이 맞다. 그래서 많은 책도 썼지. 그러나 너는 너를 향한 나의 모든 계획을 알지 못한다. 나는 너가 나의 일을 하기 원한단다. 너가 결정할 시간이 온 것 같구나. 너의 미래에 대한 계획을 나에게 줄 것인지 아니면 너가 원하는 방법대로 나를 섬길 것인지."

"제가 지금 하고 있는 것도 충분하다고 생각하지 않으세요? 열심히 하고 있는거 아시잖아요."

"나의 사랑하는 딸아, 내가 너에게 준 은사를 잘 모르는 상태에서 너가 원하는대로 사역을 한다면 그것은 나의 계획과 항상 일치할 수 없단다. 그러나 나에게 그 돌을 준다면 너의 모든 것을 다 알고 있는 내가, 가장 좋은 길로 너를 인도 할 것이며 너가 받은 은사를 최대한 발휘할 수 있는 일들을 할 수 있게 해 줄 것이다. 너가 그 돌을 주지 않으려고 하는 이유는 편하고 익숙한 것들만 하고 싶어하는 마음 때문이지."

"용서해주세요. 제 마음속에 편한대로만 하고 싶어 하는 욕심이 있는지 몰랐어요. 성령님의 인도하심과 음성을 외면하고 저의 안전과 편리만 생각했어요. 예수님 말씀이 맞아요. 이 돌, 예수님께 드릴께요. 받아주세요."

예수님은 소녀가 내미는 돌을 받아들고 만면에 미소가 가득한 얼굴로 그녀를 바라보셨다. "나의 사랑하는 딸아, 너는 생명을 나에게 주었지만 미래의 계획을 주기까지는 모든 것을 준게 아니었단다. 그러나 돌을 주었으니 내가 원하는 모든 것을 준 것이다. 나에게는 너를 향한 계획이 있다. 너가 많은 사람들을 도울 수 있도록 인도할 것이다. 그동안 썼던 책들 역시 너를 훈련하는 과정이었다. 이제 마음의 준비를 해라."

"아, 그런 뜻이 있으셨군요."

"먼저 나에게 순종하는 것을 가르칠 것이다. 너가 성령님의 음성에 기꺼이 순종할 때 나를 따라오는 것이 쉬워질 것이다. 마음의 갈등을 겪는 시간이 점점 줄어들 것이다."

"왜 주님께 모든 것을 드리는 것이 쉽지 않을까요?"

"나에 대해서 잘 알지 못하니 내 마음을 이해할 수 없는 것이지. 나와 많은 시간을 함께 하면 알게 될 것이다. 침묵기도를 통해 나를 만나기 바란다."

"성령님께서 제게 기도시간을 더 가져야 한다고 하셨는데 그 말씀에 순종하지 못했어요. 앞으로 예수님과 좀 더 많은 시간을 가질 수 있도록 도와주세요."

"그래, 너를 훈련시키고 순종의 기쁨을 맛볼 수 있도록 해주겠다."

소녀는 기쁨에 못이겨 춤을 추기 시작했다. 높이 뜬 해와 산들도 그녀와 함께 어우러져 춤을 추었고 그 광경을 바라보던 예수님도 손뼉을 치시며 소녀의 손을 잡아주셨다.

3. 가장 중요한 일

소녀는 항상 바빴다. 주변의 배고픈 영혼들을 먹이다 보면 막상 예수님과 대화하는 시간이 부족했다. 모든 계획을 주님께 드렸지만 기도로서 주님과 더 많은 시간을 보내라는 성령님의 지시를 실천하는 것이 가장 어려운 일이었다. 찬송을 들으며 묵상기도를 하고 예수님을 찬양했지만 그것은 일방적으로 예수님께 말하는 것뿐이지 예수님의 말씀을 경청하는 시간이 아니었다. 그러나 현실은 배고픈 사람들의 요구를 들어줘야 하고 책을 쓰는 일에 바빠서 예수님과 대화시간을 자꾸 미루고 있었다.

그러던 어느 날이었다. 그 날도 역시 다른 사람들과 정신없이 이야기를 나누며 바쁜 가운데 누군가 그녀의 어깨를 툭 쳤다. 예수님이셨다. 2013년 12월 8

일 그분이 말씀하셨다. "나의 사랑하는 딸아, 나는 너와 시간을 보내고 싶다. 너는 너무 바빠서 내 마음을 알 틈이 없구나…너를 불러도 듣지 못하더구나."

소녀는 도저히 고개를 들 수가 없었다.

"번잡한 일상으로부터 너를 분리시켜라. 사람들과의 대화, 좋아하는 찬송도 끄고 나에게 집중해라. 나의 마음을 알도록 노력하는 시간을 가지거라."

이 음성을 들었을 때는 『하나님 사랑합니다, 100일 묵상과 기도』 영문판을 한국어로 번역하는 중이었다. 그 책 역시 하나님의 지시로 쓰기 시작했고 다른 사람들에게 하나님을 사랑하는 것에 대한 것을 알려주기 위해 애썼지만 정작 자신은 실천하지 못하고 있었다. 가장 중요한 것은 예수님과 시간을 보내는 것이라는 것을 알면서도 일상의 분주함으로 인해 우선순위에서 밀어내고 있었던 것이다.

예수님은 그런 그녀에게 침묵기도를 시키셨다. 안 그래도 얼마전부터 영적으로 연약해지는 자신을 느꼈던 소녀는 뭔가 잘못되고 있음을 감지하고 그 말씀에 순종하기로 했다. 먼저 전화와 사람들과 대화를 중단했고 찬송을 듣던 것도 잠시 멈추기로 했다. 그분의 뜻을 알기 위해 침묵기도를 시작했다.

"나의 사랑하는 딸아, 너에게 가르쳐 주고 싶은 것들이 많다. 지금 너는 영적으로 심약해진 상태란다. 너의 영적인 상태를 이해하도록 가르쳐 줄 것이다. 너를 치유해 줄 수 있는 것은 오직 나뿐이니 나를 따라 오너라. 지금부터 마음의 눈을 뜨도록 해라. 너에게 보여줄 것이 많이 있단다."

예수님은 그녀의 손을 잡고 길을 걸어가기 시작했다.

4. 돌 같은 심장

예수님과 같이 걷는 길은 조용한 숲길이었다. 지저귀는 새소리만 귓가를 울렸다.

소녀는 주님이 말씀하시기를 기다리며 침묵했다. 예수님은 말없이 걸으셨다. 이런 침묵의 시간이 왜 필요한지 알 수 없었지만 지금은 순종하는 것이 더 중요하다고 생각했기에 조용히 뒤를 따라 걸었다.

첫째 주에 주님은 말씀하셨다. "나의 사랑하는 딸아, 어린아이들을 위한 책을 쓰기 시작해라. 부모가 가난해서 아이들에게 책을 사줄 수 없는 아이들과 아무도 그들에게 책을 사줄 수 없는 아이들을 위한 문서선교를 시작하라. 또 책을 읽고 싶어도 살 돈이 없어서 읽지 못하는 가난한 아이들에게 무료로 배포하는 일을 시작해라. 어린 아이들의 마음에 나의 존재를 알게 하고 복음의 씨를 심는 중요한 사역이다."

"네, 제가 하겠습니다. 예수님 말씀에 순종할 때마다 놀라운 기적을 보았으니 당장 시작하겠어요."

어린아이를 위한 책이라면 아름다운 삽화가 필요한데 직접 그릴 능력이 없는 소녀는 주변에 도움을 요청했다. 주님의 사역을 위한 일이라면 기꺼이 동참하겠다며 재능을 기부하는 사람들 덕분에 프로젝트가 시작되었다. 그런 중에도 침묵의 기도는 계속되었다. 산과 아름다운 호수를 지나 들판의 꽃 사이를 걸으면서도 예수님은 말씀이 없으셨다.

그렇게 3주가 흐른 어느 날 푸른 잔디위에 예수님과 소녀가 앉아 있었다. 예수님은 손을 펴서 소녀에게 보여주셨다. 손 위에는 하트 모양의 돌이 있었다. 그 돌을 집어서 만져보니 표면이 거친 돌이었다.
"왜 이 돌을 저에게 보여주시나요?"

"나의 사랑하는 딸아, 나는 이렇게 돌처럼 굳은 사람들의 마음도 녹여서 살아 있는 생명으로 변화시킬 수 있다."

"주님, 당신은 그렇게 하실 수 있다는 것을 믿어요."

"너의 마음이 바로 이렇게 단단하고 거칠었단다. 힘든 고통의 삶을 살고 있었을 때 너의 마음은 돌처럼 굳어 있었지. 그러나 너를 위해 십자가에서 죽은 나의 사랑과 눈물로 그 굳은 마음이 부드럽게 녹았다. 나의 피로써 너에게 새로운 생명을 주었고 다시 살아난 너는 나의 사랑을 원하게 되었어. 나의 사랑을 원하게 된 것은 놀라운 변화야."

"맞아요. 예수님을 만나기 전에 제 마음은 상처투성이였어요…"

"나의 사랑만이 네 마음의 상처를 치유할 수 있다는 걸 이제 알겠니? 나는 너의 눈물을 닦아주고 기쁨과 평안으로 채워줄 수 있단다."

"네, 예수님이 세상 누구보다도 저를 사랑하는 분은 당신이란 것을 믿어요."

"나는 너에게 세상이 줄 수 없는 평안과 기쁨, 그리고 가장 중요한 생명을 줄 수 있는 유일한 존재란다."

소녀의 얼굴이 밝아졌다. "예수님, 감사합니다. 생명 주신 그 놀라운 은혜를 감사드려요. 저는 좀 더 당신의 사랑을 느끼고 제 온 맘다해 사랑하기를 원합니다."

"나의 사랑하는 딸아, 이 세상에 나가서 내가 그들을 사랑하고 있다는 복음을 전해야한다. 그래서 돌같이 굳은 마음이 나의 사랑으로 녹아져서 생명을 가진 심장으로 변화되는 일이 일어나야 한다."

"예수님, 그럼 제가 할 수 있는 일은 뭐죠?"

"『예수님과 걷는 길 2편』을 써서 다른 사람들을 향한 나의 넘치는 사랑을 알리도록 해라. 나는 그 책을 통해 그들의 마음문을 열고 딱딱하게 굳어진 마음을 녹일 것이다."

"네? 『예수님과 걷는 길 2편』을 써요?"

"그래. 너가 나를 사랑하는 것에 촛점을 두고 쓴다면 많은 사람을 도울 수 있을 것이다. 그런 내용은 나도 기쁘게 해줄거란다. 왜냐면 나의 자녀들이 나를 사랑하는 것이 참 행복하기 때문이지."

"하지만 그런 내용을 쓰기에는 제 자신이 너무 부족하고 부끄러워요. 수시로 예수님을 잊어버리고 세상일에 정신이 팔려서 심지어 떠난 적도 많은 걸요."

"나의 사랑하는 아이야, 그것은 너의 생각이지. 내가 너를 보는 관점은 다르단다. 다른 길로 갔다가도 돌아오려는 마음, 나를 사랑하려는 그 마음이 귀하다. 그런 마음은 나를 기쁘게 하고 다른 사람들도 그런 마음을 갖기 원한다. 이런 내 마음을 그들에게 알리는 것이 너가 해야 할 일들이야."

"맞아요. 사람들에게 사랑이 많으신 예수님에 대해 알려주고 싶어요."

"너가 제일 먼저 해야 될 것은 내가 너에게 하는 이야기들을 많은 사람들에게 알리는 것이다. 세상을 따라가고 있던 너가 방향을 바꾸어 나를 따르게 된 일, 가족과 주변의 반대를 무릅쓰고 나를 바라본 일, 힘들고 먼 길을 운전하며 생명도 아낌없이 내놓고 내 뒤를 따라온 일, 이 모든 것을 내가 기억하고 있다. 너의 눈물을 보았고 기억하고 있다. 너의 순종에 대해 반드시 복줄 것이다. 이런 나를 알게 된다면 사람들이 날 사랑하게 될 것이다."

"예수님, 감사합니다. 사실 제가 한 것은 아무것도 없어요. 제 의지가 아닌 성령님의 주신 마음에 따른 것뿐이었어요. 복음을 전하라는 불같은 열정을 제게 주시고 다른 선택의 여지를 주지 않으신 것도 감사합니다. 죽어가는 영혼을 긍휼히 여기는 마음을 주신 주님께 모든 영광을 드립니다."

"열심히 사역을 하고 있던 너를 침묵의 시간으로 부른 이유가 뭔지 알겠니?"

"조금은요."

예수님은 따뜻하지만 단호한 말투로 말씀하셨다. "나의 사랑을 알기전에는 다들 외롭고 행복도 모르는 삶을 살아간다. 아무도 자기를 사랑하지 않는다고 느끼고 어디서도 채워지지 않는 갈증으로 헤매이는 영혼들이 나를 만나야한다. 나의 사랑을 알고 있는 너는 이 책을 써야한다."

"예수님, 이미 쓰고 있는 책들이 많지만 원하신다면 즉시 시작하겠습니다. 어떻게 어디서부터 풀어나가면 좋을까요?"

"좋은 질문이다. 너가 감당할 수 있는 일만 시킬 것이고 내가 너를 세밀하게 인도할 것이다. 쓰고 있던 다른 책들도 잘 마무리할 수 있도록 도와줄 것이니 염려하지 말아라. 전에 너에게 보여준 것을 기억해보렴. 돌같이 굳은 마음이 생명으로 변화된 것과 죽어가는 사람을 보여준 것으로 이야기를 시작하도록 해라. 너가 지금 하고 있는 일들은 영육간에 굶주린 사람들에게 생명의 양식이 되어주는 값진 사역이다."

"이제야 무슨 말씀인지 알겠어요. 실은 주님의 마음을 다른 사람들과 나눌 수 있는 책을 쓰기 원하고 있었거든요. 지난 번 『예수님과 걷는 길』을 쓴 후 제 삶이 완전히 바뀌었어요. 그 책을 다 쓰고 난 후 자원하는 마음으로 사역을 하게 되었답니다. 그런 책을 또 쓰고 싶어요."

"나의 사랑하는 딸아, 이 책은 너 혼자 쓰는 것이 아니라 나의 도움으로 쓰게 될 것이다. 그러나 꼭 기억해야 할 것은 나와 보내는 시간이 제일 중요하다는 것이다. 그 시간을 통해서 치유받고 영적인 에너지를 충전하여 사역도 더 잘 할 수 있게 된다는 것을 잊으면 안된다. 이 책은 내 아버지와 나의 영광을 위한 것이며 성령님께서 이 책을 쓰는 것을 도와 줄 것이다."

"예수님, 당신의 마음을 알게 해주셔서 감사합니다."

5. 죽어가는 남자

예수님을 따라 간 곳은 사람들이 많이 모여있는 시장이었다. 그 곳에서 눈을 감고 누워있는 한 남자를 보았다. 가까이 다가가 보니 숨이 붙어있는지 분간하기 힘들 정도로 쇠약해진 남자는 죽어가고 있었다.

소녀는 예수님에게 물었다. "주님, 이 사람은 누구예요?"

"이 남자는 나를 위해서 일하는 영적인 지도자란다. 그러나 슬픈 일은, 나를 위해 일하는 사람들이 아파서 죽어가고 있는 사실이야. 나의 도움이 필요한 사람들이지."

"예수님, 왜 보고만 계세요? 전에 많은 사람들을 고쳐주시고 죽은 이들도 살려주셨잖아요."

"나의 사랑하는 딸아, 문제는 그들이 스스로 나에게 고침을 받기위해 오지 않는다는 것이다. 나를 위한 일을 한다고 하면서도 그들은 나의 사랑과 능력을 제대로 이해하지 못하고 있어. 내 딸아, 너의 영혼도 바로 이런 상태였단다. 사역을 한다는 이유로 나와 대화를 하지않고 기도하지 않으며 나대신 다른 사람들을 의지했던 시간들을 돌아보렴. 그러고 있을 때 너는 저 남자와 똑같은 모습으로 땅에 쓰러져 있는 것을 내가

보았다."

 소녀는 울음을 터뜨렸다. 유난히 피곤을 느끼고 몸이 약해져서 병원에 가야 한다고 생각했는데 영혼의 문제라는 걸 알게 된 것이다. 시간이 흐르며 일이 익

숙해지자 하나님을 의지하지 않고 자신의 힘으로 하려했던 것을 깨닫지 못했었다. 그런 그녀에게 아픈 남자를 통해 영적인 상태를 알려주신 것이다. 치유와 회복을 위해 침묵기도를 시키신 예수님의 뜻을 알게 된 소녀는 입을 열었다.

"예수님, 그동안 힘들었지만 그 이유도, 해결방법도 알지 못했어요. 많은 책이 출판되고 배포되면서 그냥 모든게 잘되가고 있다고만 생각했어요. 하지만 영적인 에너지가 거의 없어진 상태로 가게된 저를 발견했어요."

"나의 사랑하는 딸아, 네가 한 사역들은 모두 성령님께서 인도하신 것이란다. 그 일들을 하면서 나와 시간을 보냈더라면 그 모든 일을 하고도 에너지가 남았을 것이다. 그런데 다른 사람들을 먹이는 것만 생각하고 네 자신은 생각하지 못했단다. 나를 통해 공급받아야 그것들을 다시 흘려보내고 공급할 수 있다는 것을 잊은 것이지." 예수님은 안타까운 표정으로 계속 말씀을 이어가셨다. "다른 사람들의 인정과 칭찬에 마음을 빼앗기고 사람을 의지하는 것은 너의 상태를 더욱 악화시키는 일이다."

"예수님, 제가 사람들을 의지하고 있었다는 것조차 몰랐어요. 그저 나는 그 사람들을 멘토링 해줘야 한다고 생각했었어요." 그녀는 지난 시간들을 떠올리며 두 손을 마주 잡았다.

"사람들은 가끔 중요한 것들을 잊곤 한다. 다른 사

람을 돕기 위해서는 자신이 먼저 충분히 영적으로 에너지가 충전되어 있어야 하며 건강해야 가능한 일이다. 모든 것에는 때와 순서가 있는 법이다. 누군가를 멘토해줘야 할 때와 내가 공급받아야 할 때를 잘 분별해야한다. 그리고 너가 멘토링을 해주는 사람 역시 너와 함께하는 시간보다 나를 만나야 한다는 것을 알아야한다. 너가 일일이 수저로 떠먹여줄 수는 없지 않겠니? 나는 그들에게 스스로 먹을 수 있도록 가르쳐준단다."

"저의 생각이 짧았어요. 예수님, 제가 어떻게 해야 건강해 질 수 있을까요?"

"나와 같이 보내는 침묵기도의 시간을 많이 가져라. 그 시간을 통해 나로부터 충분한 영양공급을 받고 회복해야 한다. 너는 다른 지도자들을 도와야 하는 사명을 가지고 있으므로 지금부터 내 말을 명심해야 한다."

"네, 말씀하세요."

"사람들과 말을 많이 하지 말아라. 나보다 더 가깝거나 말을 많이 하는 사람을 두지말아라. 이 말은 너뿐아니라 나를 위해서 일하는 영적인 지도자들 모두에게 해당하는 말이다. 사람들에게 영향을 받고 그들의 조언대로 행동한다면 내 뜻대로 사역할 수 없게 된다. 그들의 생각은 나의 생각과 다르다. 네가 힘을 얻고 일어날 수 있는 길은 내 앞에서 침묵으로써 나의 사랑의 말을 기다리는 것이다. 나의 임재가 너를 치유할 것이다."

"주님, 알게 모르게 제가 했던 모든 실수를 용서해 주세요."

"사랑하는 딸아, 내가 너에게 왜 너의 영적인 상태를 보여 주었는지 아느냐?"

"알것 같아요…당신과 시간을 보내야 했는데 그러지 못했고 무엇을 원하시는지 여쭈어 보지 못했어요. 아무리 선한 의도로 하는 일이라도 저와 주님과의 관계를 방해할 수 있는 거였군요. 멘토링도 저의 힘으로는 할 수 없다는 것을 배웠어요. 지금부터는 당신과 나의 사이에 아무런 방해되는 것이 없도록 도와 주세요."

"사람들의 칭찬과 인정으로부터 벗어나도록 해라. 너에게 필요한 모든 것은 내가 채워줄 것이다. 너가 할 일은 다른 이들을 격려해서 나와 더 많은 시간을 보내도록 하는 것이다."

"제 마음을 들킨 기분이에요. 사역을 하면서 주님을 섬기는데 초점을 두기보다는 다른 사람들의 사랑과 인정에 마음이 더 끌릴 때가 있어요. 용서해 주세요."

"나의 사랑하는 딸아, 내가 너를 용서한다. 나를 슬프게 하는 것이 무엇인줄 아니? 나의 일을 하는 사람들이 자기들끼리만 서로 인정하고 사랑을 나누느라 나를 완전히 잊어버리고 배제시키는 일이 너무나 많구나. 그들은 자신들의 잘못이 무엇인지조차 알지 못한다. 나에게 오면 내가 인정해주고 칭찬해 줄텐데 양손 가득 영적인 은사를 담고 아무리 기다려도 오지않는다. 나도 그들의 사랑을 원한다는 것을 모르는 것 같구나. 너로 하여금 나를 잊어버리게 하는 것이 있다면 너는 그것들을 다 내려 놓아야 한다. 나보다 너를 더 기쁘게 하는 것이 있다면 그것이 곧 너의 우상이 될 것이다."

"어떻게 하면 주님을 마음과 정성과 뜻과 힘을 다하여 사랑할 수 있어요? 볼 수 있고 말 할 수 있고 들을 수 있고 느낄 수 있다면 사랑하기 쉬울텐데… 솔직히 하나님을 사랑하는 것은 어렵게 느껴지기도 해요."

"사랑하는 딸아, 내가 그들을 얼마나 사랑하는지 알게 되면 나를 사랑하는 것이 어렵지 않게 된단다. 그래서 나를 위해 일하는 자녀들은 바로 그런 것을 사람들에게 알려줘야 하는 것이지. 그러기 위해서는 본인들이 먼저 그런 경험을 충분히 해야 한다. 나의 깊은 사랑과 내가 원하는 것을 제대로 알지 못한다면 어떻게 다른 사람들에게 그것을 가르칠 수 있겠니?"

"주님, 저에게 당신의 깊은 사랑을 알게 해 주세요. 그래서 당신을 더 많이 사랑할 수 있게 해 주세요."

"성경을 더 많이 묵상하고 계속 내 앞에서 침묵기도로 내 음성을 듣기 위해서 기다려라. 그러면 내가 너에게 나의 깊은 사랑을 알게해 줄 수 있다. 나를 위해서 일하는 사람들이 나 보다는 사람을 더 기쁘게 하려는 시험속에 빠지고 있어. 그래서 나에게 와서 기도하지 않고 나에게서 오는 기쁨을 구하지 않지."

　소녀는 눈물을 흘렸다. "주님, 저의 기도가 부족했던 것을 용서하세요. 저는 사역을 사랑하는 것이 주님을 사랑하는 것으로 알았어요."

　"나의 사랑하는 딸아, 나를 사랑하는 것과 사역을 사랑하는 것은 다른 것이란다. 사역은 순종이고 이웃사랑이다. 그래서 아무리 중요한들 첫째가 될 수 없는 일이다. 사역을 생명처럼 생각한 나머지 나를 잊어버리고 기도하지 않은채 일에만 매달리는 경우가 많다. 결국 영적인 영양실조에 걸려 쓰러지게 되는 것이지."

　"예수님, 정말 부끄러워집니다."

　"네가 모르기에 그랬다는 것을 알고 용서했다. 나의 사랑에 대해서 더 많이 이해 해야 한다."

　"주님, 어떻게 할까요?"

　"나를 따라오너라. 너에게 가르쳐 줄 것이 있다."

6. 성만찬

　말없이 예수님을 따라 도착한 곳은 아름다운 교회였다. 아무도 없는 조용한 그 곳에는 성만찬 테이블위에 떡과 잔이 준비되어 있었다. 사랑이 가득한 미소를 머금은 채 예수님이 말씀하셨다.

　"나의 사랑하는 딸아, 내가 많은 사람들의 죄를 용서하려고 준 나의 몸과 피를 받아 먹고 마시며 내 말들을 계속 묵상하는 시간을 가져라."

예수님은 떡을 떼며 말씀하셨다. "나의 사랑하는 딸아, 이것은 너를 위하여 주는 나의 몸이니 이것을 행하여 나를 기념하라."

소녀는 주님이 주신 떡을 받아 먹으며 눈물이 나왔다. 자신의 죄를 사해주시려 십자가에서 돌아가신 것이다. 그 사랑을 깊이 깨닫게 해주시기 위해 직접 떡을 떼어 주신 것이다.

예수님은 잔을 들고 말씀하셨다. "이 잔은 죄사함을 얻게 하려고 너와 많은 사람들의 죄를 위해서 흘리는 나의 피다. 이것을 마실 때마다 나를 기념하라."

소녀는 그 잔을 받고 목이 메었다. 나는 과연 이 넘치는 사랑을 받기에 합당한 사람인가. 그동안 예배에서 수천번의 성만찬을 인도했지만 직접 예수님께서 주시는 떡과 잔을 받고 보니 감회가 새로웠다.

예수님의 얼굴이 환히 빛났고 그분의 사랑이 마음속 깊이 느껴졌을 때 그녀의 눈물은 멈추지 않고 흘러내렸다. "주님, 당신의 이 깊은 사랑을 알게 하심을 감사 드립니다. 왜 저는 여태까지 주님에 대해서 가르치면서도 당신의 이 깊은 사랑을 알지 못했을까요?"

"나의 사랑하는 아이야, 너는 일을 하느라 내가 부르는 소리도 듣지 못하더구나."

"주님, 이제부터는 당신을 절대로 잊어버리지 않도록 도와 주세요. 온전히 주님을 사랑하는 마음으로 가득찬 시간을 보낼 수 있게 도와주세요."

"성찬식의 말씀을 묵상하라. 그래서 나의 사랑을

더욱 이해하기를 원한다."

그동안 영어로만 인도해왔던 성만찬을 한국말로 묵상하기 시작했다. 영어로는 '주님께서 배반당하신 밤에'라고 시작하는데 한국말로는 '주님께서 잡히시

던 밤에'라고 써있다. 그 말씀은 주님께서 그녀를 위해서 죄수같이 잡혀 가셨다는 말이다. 그 대목에서 목이 메이며 묵상하기 어려울 정도로 눈물이 쏟아졌다.

그녀를 위해 세상에서 무시하고 천대받는 죄수같

은 취급을 받으셨다는 것이 마음을 울게 했다. 예수님이 가신 길은 그동안 교도소 사역을 하며 경험한 어떤 것보다도 상상하기 어려운 열악한 상황에서 죄수 취급을 받으셨던 것이다.

"주님, 왜 저의 모든 것을 중지하고 침묵기도를 통해 당신의 음성을 들으라고 부르셨는지 이해가 가요. 그 상태로는 도저히 다른 사람들을 도울 수 없다는 것을 저는 몰랐어요. 침묵기도를 하라고 불러 주셔서 감사합니다. 다시 생명의 길로 저를 불러주셔서 감사합니다."

"나의 사랑하는 딸아, 추수할 곡식이 많은데 일꾼이 적구나. 네가 다른 사람들에게 그들을 향한 나의 사랑을 알려준다면 큰 영적 부흥이 일어날거야. 그렇지만 그에 앞서 나를 위해서 일하는 자녀들이 내게 와서 치유 받고 건강하게 되면 아주 큰 영적 부흥이 있을거야. 조그만 열매에 만족하여 영적인 재충전을 게을리한다면 결과는 참담해질 것이다. 자기 나름대로 계획을 세워서 나보다 앞서 나가려는 것도 큰 문제란다."

"저 역시 주님께서 요구하지 않으셨다면 미래를 계획한 돌을 계속 쥐고 있었을 거에요."

"나의 사랑하는 딸아, 나와 함께 있을 때라야만 생명을 얻고 치유를 받을 수 있다. 내가 너에게 보여 줄 것이 많다. 나를 따라 오너라."

7. 꺼진 촛불

예수님을 따라가는 길은 고요하고 평안했다. 틈틈히 예수님이 주시는 떡과 음료수를 먹고 충분한 휴식을 취하며 큰 동네에 도착했을 때는 컴컴한 밤이었다. 그런데 희미한 초생달빛 말고는 아무 불빛도 없었다. 마치 죽음의 도시처럼 느껴졌고 어디선가 늑대의 울음소리가 들려왔다. 두려움으로 예수님의 손을 꼭 잡았다.

"예수님, 이 곳은 아무도 살지 않나요? 불빛을 찾아볼 수가 없네요."

"나의 사랑하는 딸아, 사실 이동네에는 나의 일꾼들이 많이 있단다. 그들이 전기를 작동해야 하는데 일을 하지않고 잠이 들어있구나. 다른 사람들이 빛을 보며 걸어야 하는데 그런 것조차 다 잊어버린 모양이다."

"무슨 일이죠?"

"성령님의 능력을 부인하고 나의 생명의 말씀을 사용하지 않기 때문이야. 그들은 조그만 초를 가지고 자기들의 지혜와 힘을 믿고 일을 하다가 그 초마저 다 타버렸단다. 그들 자신이 생명의 말씀을 의지하지 않고 있기 때문에 다른 사람들을 생명으로 인도할 수 가 없어. 그럼에도 불구하고 나를 간절히 찾고 있지 않는 것이 가장 심각한 문제다."

예수님의 얼굴은 수심으로 가득 하셨다. "예수님,

그들은 왜 그렇게 된거죠? 주님의 일을 하기위해 이곳에 온걸텐데요."

"내 일을 하기위해 따라왔지만 생명의 말씀에 의지하지 않고 알량한 자신들의 지혜로만 가르치려 했기 때문에 그렇게 된거란다. 사람의 지혜는 지식을 더 할 뿐이고 영원한 생명이 없어. 인간의 지혜로는 나를 알 수 가 없기 때문이지."

"주님, 제가 무엇을 해야 합니까?"

"기도하라. 그래서 많은 사람들을 도와 줄 수 있도록. 사람들이 나의 사랑을 알지 못하면 그들에겐 생명이 없어. 사람들이 내가 그들에게 생명을 주고 빛을 준다는 것을 알아야해. 많은 나의 일꾼들도 나를 선생으로 취급할 뿐 그들을 영원한 불 속에서 구할 수 있는 구원자라는 것을 모르기 때문이지."

"제가 그것들을 알려줄 수 있도록 저를 도와주세요."

"나의 사랑하는 딸아, 내 마음을 이해하고 죽어가는 사람들의 아픔을 이해하라고 너를 침묵기도의 시간으로 불렀단다. 너를 통해 그들을 아픔으로부터 자유케 할 것이다. 내 말은 그들에게 생명을 주고 안전하게 걸어갈 수 있도록 도와 줄 수 있어."

"저를 도구로 써주세요. 저를 당신 뜻대로 인도해 주세요."

"내가 너를 도와 주고 나의 기적을 보게 해 줄 것이다. 나를 따라와라. 너에게 가르쳐 줄 것이 많단다."

8. 기도의 줄

이번에 도착한 곳은 전쟁터였다. 그런데 예수님을 위해서 일하는 아군들은 무전기를 끈채로 잠이 들어 있었다. 어떤 집은 이미 적들에게 점령당하여 사람들이 죽어있고 영적인 지도자들도 부상당하거나 죽어있었다. 포로로 잡혀서 쇠사슬에 묶여 끌려가는 사람들과 감옥에 갇힌 후에도 회개하지 않고 하나님을 섬길 필요가 없다고 고래고래 소리를 지르는 이들도 있었다.

예수님은 슬픔이 가득한 얼굴로 말씀하셨다. "사랑하는 딸아, 수많은 나의 일꾼들이 깊은 잠에 빠져서 나의 말을 듣지 못하는 바람에 계속 죄의 늪에서 헤어나오지 못하게 되었다. 사탄에게 속은 그들의 삶은 비참하기 짝이 없지. 내 말에 불순종하고 성령님의 경고를 무시한 결과로 마귀의 포로가 되는 문을 열어준 꼴이 되었다. 회개하지 않은 채로 일을 한다면 그것은 내가 아닌 마귀를 위해서 하는 일이 되는 걸 그들은 알지 못한다."

"어떻게 이런 일이 생기게 된거죠?"

"생명의 말씀에 관심을 두지 않았기 때문이지. 나의 말은 사람들의 마음을 정결하게 해준단다. 회개하지 않으면 마귀의 감옥에 갇혀서 고문을 받게되는데 사람들이 상상할 수 있는 고통과는 비교도 안될 끔찍한 것이다. 아까 꺼진 무전기를 보았느냐? 그들은 말씀을 묵상하지 않고 읽지도 않는다. 그러니 경고의 메세지도 들을 수 없게 되어 세상을 더 사랑하게 되는 것이지."

"주님, 저역시 생명의 말씀을 소홀히 했어요. 용서하세요."

"나의 말에 귀 기울이는 자는 회개할 때 그 죄가 사함을 받게 될 것이다. 내 말은 누구든지 회개하는 사람들을 깨끗하게 만들어 준단다. 다른 사람들에게 내 생명의 말씀을 계속 들으라고 말해라."

"다른 사람들은 제가 말을 해도 들을 것 같지가 않아요. 자기가 옳다고 생각하는 사람들이 정말 많아요."

"전쟁에서는 대장이 말하는 것을 들어야 승리할 수 있단다. 그것이 네가 할 일이다. 네가 외치는 말을 단 한 사람만 듣는다 할지라도 그 일을 해야 한다. 나에게는 한 영혼이 천하보다 귀하고 귀하다."

"예수님, 제가 하는 일을 통해 단 한 사람만이 구원받는다해도 포기하지 않고 잘 할 수 있도록 도와 주세요. 제가 그 일을 반드시 해야겠어요."

예수님의 얼굴에 만족한 미소가 가득 피어났다.

"이제 네가 나의 마음을 이해하는구나. 너는 잃어버린 양 한 마리를 찾기위해 나가야 한다. 내 눈에는 굶주린 늑대가 어슬렁거리는 광야를 헤매고 있는 영혼이 보인다. 이미 많은 이들이 늑대들에게 공격을 당하고 잡아 먹힌 곳이지. 그들의 울부짖음은 다른이들

의 귀에 들리지 않는다. 기도의 줄이 끊어져있기 때문이다."

"예수님, 제가 기도의 불씨를 꺼트리지 않도록 도와주세요."

 "특히 주의해야 할 것은 네가 책을 통해서 사람들의 사랑과 인정을 받을 때 거기서 만족하면 안된다. 너의 책들이 더 많은 곳에 가도록 내가 도와주겠다. 많은 사람들이 늑대에게 공격을 당하고 있어. 나만이 그들을 살릴 수 있으며 나를 통해서 그들이 생명을 얻고 소망을 갖게 된단다."

"예수님, 어떻게 하면 잃어버린 양들을 좀 더 많이 구할 수 있을까요?"

"너와 같은 마음을 가진 영적인 지도자들을 찾아서 그들을 훈련시켜라. 나와 같은 마음을 가진 사람들과 일하면 더 많은 양들을 찾을 수 있다."

"저에게 많은 지도자들과 일할 수 있는 기회를 주세요. 그래서 그 지도자들과 같이 더 많은 잃어버린 양을 주님의 나라로 데려올 수 있게 해 주세요."

"그것이 바로 내가 원하는 것이다. 너와 같이 일할 수 있는 사람들을 찾아라. 죽어가는 영혼에 대해서 긍휼히 여기는 마음을 가진 사람들을 찾아라. 나는 지금도 그들의 눈물을 보고 있다. 시간이 없다. 서두르도록 해라."

예수님은 계속 눈물을 흘리고 계셨다. 소녀도 눈물을 닦았다.

"주님, 저의 무심함을 용서하시고 그들이 주님을 만나서 치유받고 기쁨의 눈물을 흘릴 수 있도록 해주세요."

"네가 이제야 나의 마음을 이해 하는 구나. 너 혼자는 할 수 없다. 다른 영적인 지도자들과 일하도록 너를 인도하겠다. 따라오너라."

소녀는 주님을 따라갔다.

9. 선물 바구니

얼마를 걸었을까 소녀와 예수님은 피크닉 테이블에 앉아서 휴식을 취했다. 그녀가 쉬고 있는 동안 예수님은 바구니를 들고와서 보여주셨다. 그 안에는 브라운 색으로 포장된 작은 선물박스가 가득 들어있었다.

"예수님, 이건 뭐죠?"

"사랑하는 딸아, 나는 정결한 마음으로 찾아와서 기도하는 자녀들에게 이 선물을 준단다. 나의 아버지

의 영광을 위해서지. 나를 찾는 자들은 믿음의 선물을 받게 되고 그 은사를 어떻게 사용할 수 있는지 성령님의 인도를 받게 될거야. 이 사실을 알거나, 알더라도 믿는 사람들은 많지 않다. 너도 침묵의 시간동안 기다리며 이 선물들에 대해 알게 될 것이다. 다시 한 번 말하지만 나에게 오는 사람들에게 줄 선물이 준비되어 있다."

"사랑으로 저를 불러주신 주님 앞에서 온전한 기다림을 통해 선물이 무엇인지 알게 해 주세요. 무엇보다도 당신의 사랑을 더 알게 해 주세요. 당신이 원하시는 대로 당신을 섬길 수 있게 도와 주세요."

10. 더러운 시궁창

한참을 걸어서 도착한 곳은 더러운 시궁창물이 흐르는 곳이었다. 놀랍게도 싱싱하고 값비싼 과일이 더러운 물위로 떠내려가고 있었다.

"예수님, 이 곳에서 저는 무엇을 배워야 하나요?"

"나의 사랑하는 딸아, 사람들이 성경을 읽고도 삶에 적용 하지 않는다면 시궁창에 좋은 과일들을 버리는 것과 같다. 그러나 사람들이 내 말을 이해하고 순종하면 잘못된 삶에서 구조받을 수 있지."

"왜 당신의 말씀을 순종하기 어려울까요?"

"나를 따라오라. 내가 또 너에게 보여줄 것이 있다."

예수님은 그녀를 작은 수영장으로 데려가셨다.
그런데 수영장 안에 플라스틱 박스가 있었고 그 안에 성경이 들어 있었다. 뚜껑은 닫혀 있었지만 조금씩 물이 스며들고 있었다.
그녀는 물었다. "예수님, 이건 뭐죠?"

"저 플라스틱 박스에는 성경이 들어 있다. 사람들이 하나님의 말씀을 박스에 잘 보관한다. 그들은 성경을 안전한데에 두었다고 믿고 있지. 그러나 말씀을 배우고 삶에 적용하려는 마음이 없다. 엉뚱한 곳에 보관하는 우를 범하고 있다. 나의 말은 마음에 새겨져야 돼. 그래야 나의 사랑을 이해하고 나를 사랑하게 되는 거지. 그것을 네가 이야기 해주어야 한다."

"주님, 지난 날을 돌이켜보니 하나님의 말씀에 관심을 두지 않았을 때 그 사랑을 이해하지 못하고 왜 저에게 침묵하실까 서운해했어요. 이제는 그 말씀을 가슴속에 새기기 원합니다. 그래서 주님을 더 알고 깊이 사랑하기 원합니다."

"나의 사랑하는 딸아, 네가 쓴 책 『하나님 사랑합니다』에 나의 사랑에 관한 중요한 글들이 많이 있다. 너 자신도 읽으면서 스스로 깨우쳐라. 그렇게 되면 새 힘을 얻고 나의 사랑과 더불어 나를 사랑하는 법에 대해 알게 될 것이다."

"예수님, 지혜를 주셔서 감사합니다."

11. 슬픈 사람들

예수님과 도착한 곳은 사람들이 많은 동네였다. 그런데 거리를 걷고 있는 모든 사람들이 슬픔으로 가득 차서 금방이라도 눈물이 떨어질 것처럼 보였다. 기쁨이나 웃음을 찾아볼 수 없었다. 햇살마저 먹구름에 가려서 어둠이 가득했다. 한 건물에는 '상심한 이들의 병원'이라는 간판이 걸려있었고 그 안으로 예수님은 소녀를 데리고 들어가셨다. 건물 안에도 역시 슬픈 눈을 가진 사람들이 있었다.

"예수님, 왜 이 동네사람들은 모두 슬픈 얼굴을 하고있죠?"

"나의 사랑하는 딸아, 이 사람들은 슬픈 일들을 많이 겪었단다. 이 병원에 있는 사람들은 사랑하는 사람들을 잃거나 자기를 사랑해주던 사람들을 잃은 사람들이란다. 모두들 치유가 필요하다. 너도 전에 이 병원에 있었던 것을 기억하니?"

그제서야 예전에 여동생과 남편을 잃었을 때 자신도 그 병원에 있었다는 사실을 기억해냈다. 동생이 죽었을 때 꽤 오랜시간 병원에 있었는데 남편이 죽었을 때는 아예 그 병원에서 죽을 때까지 살아야겠다고 생각했었다. 그것만이 세상에서 남편을 가장 사랑했던 자신의 마음을 나타내는 것이라고 생각했다.

그런데 예수님은 남편을 계속 붙잡고 있게되면 슬픔 속에서 마음이 얼은 상태로 고통을 받을 것이라고 말씀 하셨다. 마르지 않는 눈물속에서 마침내 지친나머지 그녀는 예수님의 말씀대로 모든 것을 내려 놓고 주님께 치유를 해달라고 기도했다. 그후 주님의 말씀에 순종하자 놀랍게도 치유가 되어서 그 병원에서 나올 수 있었다.

"저를 치유해 주신 것을 감사합니다."

 "많은 사람들이 사랑하는 사람을 잃고 슬픔 속에서 살고 있어. 너는 그들에게 알려줘야한다. 이 삶은 잠깐 거처가는 길이며 잃어버린 것에 초점을 두지말고 나에게 와서 치유를 받으라고 해야 한다. 나를 위해서 일하는 자녀들도 계속 자기가 잃은 것만을 생각하고 이 병원에서 계속 머무르려고 한단다. 나에게 모든 것을 내려 놓고 나의 치유를 얻을 때만이 이 병원에서 퇴원을 해서 나를 따라올 수 가 있단다. 그럴때에 내게서 주는 기쁨과 평안을 누릴 수 있다."

"예수님, 어떻게 다른 사람들을 도와줄 수 있어요?"

"이 땅에서의 삶은 잠시라는 것을 계속 이야기해라. 그러지 않으면 그들은 죽을 때까지 슬픔 속에 잠겨 눈물 흘리면서 살 것이다. 내가 그들을 치유할 수 있다는 것도 모르고 또 나와 함께 해야 할 일들을 잊어버리게 된단다. 나는 그들이 슬픔속에서 사는 것을 원치않아. 그들이 기쁨과 평안 가운데 만족하고 행복한 삶을 살기를 원한다. 뒤돌아보지 말고 나를 따라와야만 가능한 일이다. 그렇게 되면 나의 사랑을 느끼고 그들의 빈 마음을 채울 수 있는 것은 오직 나라는 것을 알게 된다. 나는 외로운 사람에게 그들의 마음을 사랑으로 채워서 외로움도 모르게 치유를 할 수 있다는 것을 너는 체험하지 않았니?"

"당신 말씀이 맞아요. 제가 남편을 계속 붙잡으려는 마음으로 살게 되면 상처와 슬픔 속에서 살게 된다고 말씀하셨죠. 그래서 남편을 당신에게 내려 놓은 후에는 저는 외로움이라는 것을 모르게 되었어요. 당신이 내 마음을 당신의 사랑으로 채워주시니까요."

"대부분의 사람들은 자기 가족과 가까운 사람들로부터 사랑과 인정 받기를 원해. 그러나 이 땅의 삶에서 사람들이 가지고 있는 것은 모두가 임시일 뿐이야. 더군다나 사랑하는 사람들을 자기 소유라고 착각하는데 모든 것은 나의 것이라는 것을 가르쳐라. 사람으로 부터 오는 사랑과 인정은 잠시일 뿐이다. 이 병원에서 계속 머무르는 사람들은 자신에게 없는 것에만 촛점을 맞추고 생각하고 있어. 그들은 내 안에 머무를 때 필요한 모든 것을 찾을 수 있다는 것을 알아야한다. 그러기 전까지는 그들의 마음은 슬픔으로 반은 얼어 있는 상태란다. 슬픔으로 마음이 얼어 있는 사람들은 나의 일을 할 수 없어."

"예수님, 제가 남편을 잃었을 때 충격이 너무나 커서 슬픔에 잠긴 나머지 주님의 일을 아무것도 할 수 없었어요. 그래서 지금 하시는 말씀을 이해할 수 있어요."

"사랑하는 딸아, 잃어버렸다는 이야기는 하지마라. 왜? 넌 잃어버린 것이 아무것도 없어. 네 남편은 네 것이 아니었으니 잃어버린 것이 아니지. 네 남편은 나의 아들일뿐 그는 누구에게도 속해 있지 않아. 내가 창조한 모든 것은 내 것이야. 많은 사람들이 그것을 이해하지 못한단다."

"용서하세요. 제가 또 다시 오해 했어요. 제가 잃어버렸다는 말을 할 필요가 없는데… 그럼 제가 지금부터는 남편에 대해서 잃어버렸다는 생각대신 어떤 생각을 해야 할까요?"

"이렇게 생각해보렴 '나의 영광의 아버지 집에서 남편은 예수님을 위해서 찬양하며 그 분을 위해 춤을 추고 있지. 내가 아버지의 집에 갈 때 예수님께서 원하시면 남편을 만날 수 있어. 내가 가진 모든 것은 내 것이 아니고 주님의 것이야. 나의 생명과 사역도 다 주님의 것이니까.'라고말야"

"오, 주님, 당신은 정말 놀라우신 분이에요. 당신께서 저의 남편이 기쁘고 행복한 얼굴로 천국에서 춤을 추고 있는 것을 보여 주신 것은 제게 정말 많은 치유가 되었어요. 그래서 사역을 다시 시작 할 수 가 있었답니다. 제 기도의 응답으로 남편을 보고 싶어하는 마음도 완전히 가져가 주신 것에 대해서 감사드립니다. 다른 사람들에게 그렇게 말하면 이해하지 못하지만 저는 알고있어요. 당신만이 나의 아픔을 치유해 주실 수 있다는 것을. 그 끔찍한 사고 후 석달만에 저의 상심한 마음을 치유해 주신 것은 기적이었어요."

"사랑하는 딸아, 내가 너를 만들었느니라. 내가 너의 심장도 만들었단다. 그러기에 너를 치유할 수 있었지. 물론 네가 기도로 너의 남편을 내려놓았기 때문에 가능한 일이었기도 하다. 그런데 많은 사람들은 내가 그들의 상처받은 마음을 치유할 수 있다는 것을 모른다. 네가 남편이 없다고 슬퍼하는 것은 너와 나의 관계를 방해하는 일이었다. 왜냐하면 남편에 대한 관심이 나에 대한 관심보다 더 컸기 때문이지. 그렇지만 네가 그것을 깨닫고 나에게 오는 순간부터 너의 치유는 가능한 일이 되었단다.

나는 상하고 얼어붙은 마음도 고칠 수 있어. 난 그들에게 새로운 심장을 줄 수 있다. 그래서 그들의 심장이 나의 사랑으로 가득 찰 수 있게 된단다."

"예수님, 당신을 더 사랑하고 섬기기 원합니다. 당신은 제 삶의 가장 중요한 분이십니다. 나에게 있는 외로움과 상한 마음을 치유해 주셨어요. 저는 정말 행복해요. 저는 혼자 있다는 생각조차 할 틈이 없어요. 주님께서 항상 저와 계시니까요. 외로움을 모른다는 것은 정말 주님의 축복입니다. 제 마음을 당신의 사랑으로 채워 주셔서 감사합니다. 당신의 사랑과 능력을 가르쳐 주셔서 감사합니다."

"나의 사랑하는 딸아, 얼마전에 네게 무엇을 원하느냐고 물어보았지. 너는 나를 더 사랑하고 싶다고 했지. 그것이 나를 기쁘게 했어. 그런데 네가 나를 사랑하기 원한다는 것은 내 앞에서 침묵기도로 나의 사랑을 알게되고 네가 나를 더 사랑할 수 있어. 계속 나의 생명의 말씀을 너의 마음에 심어라. 그래서 나의 사랑의 말씀이 네 마음 안에서 자랄 수 있도록 계속 침묵기도를 해라. 그러면 나의 깊은 사랑을 깨닫게 된단다. 네가 나한테 말하고 나의 음성을 들을 때 나는 정말 기쁘단다. 나의 음성을 들으려 하지 않고 일방적으로 자기 말만 하는 이들에게 침묵기도를 통해 나를 만나는 방법을 알도록 격려해주어라. 나는 나의 자녀들이 내 음성을 듣기원해. 그래서 나의 사랑을 알고 나를 사랑하고 순종할 수 있도록."

"당신께 순종할 수 있도록 도와주세요. 당신과 사랑의 시간을 더 보낼 수 있도록 침묵기도를 할 수 있게 해 주세요. 당신의 음성을 듣고 메신저가 될 수 있도록 도와주세요."

"나의 사랑하는 딸아, 그것이 내가 너에게 원하는 것이란다. 내가 너에게 말하는 것은 네가 다른 사람들과 나누어야 한다. 그래서 그들이 나의 사랑을 알고 내 마음을 더 이해할 수 있도록. 그렇게 되면 그들이 나를 더 사랑할 수 있다. 자 이제 이곳을 떠나자. 너에게 가르쳐 줄 것이 아직도 많이 있다."

12. 주님의 뜻

주님과 걷는 길은 기쁨의 길이었다. 아름다운 숲속을 지나 들꽃을 보면서 오늘은 또 무엇을 가르쳐 주실까 하는 기대로 마음이 설레였다. 오래 걷다보니 지친 그녀는 큰 바위에 걸터앉았다. 주님도 그녀 곁에 앉아서 떡과 음료를 주셨다.

"주님, 저를 위해서 어떻게 기도를 해야 하는지 가르쳐 주세요."

"나의 사랑하는 딸아, 좋은 질문이다. 너는 나의 뜻이 너의 삶에서 이루어지기를 위해서 기도하라. 내가 너를 통해서 이루려는 계획이 있단다."

"당신의 뜻이 저의 삶에서 이루어 지기를 기도합니다. 당신의 뜻이 무엇입니까?"

"누구보다 무엇보다도 나를 사랑하고 내가 원하는 것을 하기 원한단다. 왜냐하면 너에게 여러 사람들을 도우려는 좋은 계획이 있지만 그 중에서도 내가 꼭 원하는 것이 있거든. 너의 에너지를 네가 원하는 사람들에게 집중하기 원한다."

"오, 주님, 그럼 제가 어떻게 당신의 뜻을 알 수 있을까요. 당신이 원하는 사람을 돕기 위해서는 알아야 하니까요."

"나의 사랑하는 딸아, 나의 뜻을 알려면 나의 마음을 알아야 한다. 그러자면 나와 더 많은 침묵의 시간을 보내야 한단다. 기도는 나의 마음을 알 수 있는 길을 열어 준다. 묵상기도는 네가 나에게 말하는 것이고 침묵기도는 나의 음성을 들으려고 하는 것이니 중요한 시간이다."

"제가 또 무엇을 알아야 할까요?"

"다른 사람들로부터 사랑과 인정을 받으려는 마음을 완전히 내려놓고 성령만을 의지하는 것을 배워야 한다. 대부분의 사람들은 내가 너의 삶에서 원하는 것을 이해할 수가 없기에 그들과 많은 시간을 보내게 되면 너의 시선은 그쪽을 향하게 된단다. 그래서 이제부터 나보다 대화를 더 많이 하는 사람이나 나보다 더 가까운 사람을 두지 말라고 한 이유가 바로 이것이다. 네게 필요한 것은 나의 사랑과 인정, 성령의 확신이지 다른 사람들의 사랑과 인정이 아니야. 그렇게 하지 않으면 내가 원하는 것을 할 수 없어. 그러니 사람들의 반응에 신경쓰지 말고 침묵기도에 힘을 써야해. 이해 못하는 사람과 반대에 부딪힐 때 해명하거나 설득하는데 너의 에너지와 시간을 낭비할 필요없다. 그저 그들도 내 앞에 내려놓으면 된다. 내가 너를 위로하고 격려하고 너의 모든 필요를 채워줄 것이다."

"예수님, 당신과 어떻게 시간을 보낼 수 있을까요? 그것을 가르쳐 주세요. 제가 할일이 너무 많아요. 사람들은 저와 대화하기 원하고 멘토링 해주기를 원해요. 그런데 침묵기도에 대해 설명하자니 난감할 때가 많아요."

"나의 사랑하는 아이야, 다른 사람들이 너를 이해 못하는 것은 당연하다. 정작 네 자신도 잘 이해하지 못하고 있으니까. 그런데 네가 기억해야 될 것은 넌 지금 영적으로 오랫동안 나와 시간을 보내지 않아서 굶주린 채 몸이 약해지고 아픈 상태에서 에너지가 다 고갈되었다. 네게 더 이상 줄 것이 없는 상태에서 그들과 얘기한들 무슨 도움이 되겠니? 너에게 영적인 에너지를 공급하고 칭하기 위해 침묵기도를 시킨 것이다. 그러니 다른 사람들이 원하는 것도 다 내려 놓아야 한다. 네가 너 자신을 알고 있지않니. 그럴 때는 나의 뜻을 네가 이루어 줄 수 없다."

"당신의 말씀이 맞아요. 아주 쉬운 일도 지금은 힘이 들어요. 전에는 책을 많이 부치는 일이 어렵게 느껴지지 않았는데 이제는 그것도 감당하기가 힘이드네요. 그래서 다른 사람들에게 도와달라고 했는데 그들이 정말 잘하고 있어요. 당신의 말씀이 맞아요. 제가 당신의 치유가 필요해요. 그런데 다른 사람들이 제가 왜 그들을 도와줄 수 없는지 이해를 못해요."

"다른 사람들의 이해를 얻는 것도 이제는 내려놓아야 한다. 그들은 너를 이해할 수 없다. 내가 보는 너를 그들은 볼 수 가 없기 때문이지. 이제는 모든 짐들을 다 내려놓을 시간이다. 네가 나를 모든 사람들보다 더 사랑하면 나에게 순종할 수 있단다."

"주님, 당신을 누구보다 무엇보다 더 사랑합니다. 당신의 말씀대로 다른 사람들을 이해시키려는 마음도 또 그들을 제 생각대로 도와주려는 생각도 내려 놓습니다. 이제부터는 성령님께서 제가 시간을 어떻게 보내야 하는지 인도해 주시기를 원합니다."

"너에게 가장 중요한 것은 나와 함께 시간을 보내는 것이다. 내가 무엇을 하라고 하면 다른 사람들의 허락을 받으려 하지말고 그냥 순종해라. 그래야 네가 나의 뜻을 행할 수가 있단다. 너의 순종이 기적을 보게 할 것이다. 너의 순종이 너를 살리고 또 많은 사람들을 살릴 수 있다. 그것을 네가 다른 영적인 지도자들에게도 알려라. 나와 더 시간을 보내지 않으면 그들도 영적으로 죽어간다는 것을 알려라."

"당신이 원하시는 것을 다 순종할 수 있도록 도와주세요."

"지금은 침묵기도를 하는 것이 나에게 순종하는 것이란다. 자, 이제, 더 이 곳에서 머무를 수가 없다. 우리가 들려야 할 곳이 아직도 많이 있단다. 나를 따라오렴." 주님은 자리에서 일어나시고 그녀의 손을 잡아

일으키셨다. 그녀는 주님을 위해서 찬송을 부르기 시작했다. "예수님, 당신께 나의 사랑을 드립니다. 당신보다 이 세상에서 더 중요한 분이 없으십니다. 당신의 사랑을 더 이해하고 당신을 사랑하게 도와 주세요. 저는 당신을 위해서 존재합니다. 나의 삶은 당신을 위한 것이지요."

예수님은 미소를 지으면서 노래를 부르셨다. "나의 사랑하는 딸아, 나는 너를 사랑한다. 너의 아름다운 모습에 나는 반했구나. 나의 사랑을 받기에 너는 충분한 아이지. 나의 사랑을 네가 더 알기를 원한다. 나와 네가 걷고 있다는 것이 나에겐 큰 기쁨이란다. 내가 너를 위해서 다시 죽어야 할지라도 기꺼이 그렇게 할 수 있을 정도로 너를 사랑한단다."

소녀는 너무 기뻐서 어쩔줄 모르고 주님을 위해서 찬송을 했다. "예수님, 당신을 세상에서 제일 사랑합니다. 당신을 향한 사랑이 계속 자라게 도와주세요."

13. 마음의 빈깡통

이번에 예수님이 소녀를 데리고 간 동네는 조용하고 아름다운 호수가 중앙에 있는 곳이었다. 그 곳에는 하트 모양의 분수가 있었고 그 옆에는 벤치가 있었다. 주님은 그 벤치에 소녀와 앉아서 구경을 하면서 말씀하셨다.

"오늘은 내가 다른 사람들에게 하고 싶은 말을 너

에게 하고 싶구나. 많은 이들은 타인의 사랑과 인정에 목말라 있다. 그래서 실망과 낙망을 번갈아하곤 하지. 왜냐면 내가 모든 이들을 만들 때 마음에 깡통을 하나씩 주었는데 그것은 나만이 채울 수 있는 것이다."

"주님, 이 깡통에 대해서 더 이야기 해 주세요."

예수님은 그녀에게 설명하셨다. "이 깡통은 나의 사랑이 채워지는 단계를 네 가지로 설명할 수 있다. 처음 25퍼센트가 채워진 사람들은 믿음으로 나를 영접하고 자녀가 된 사람들이지. 그들은 성경을 읽고 기도하면서 교회에 다니는 사람들인데 대다수의 사람들이 이단계에 머무르기 쉽다. 두번째는 나를 섬기는 사람들의 빈깡통이 50퍼센트까지 채워지는 단계이지. 많은 나의 일꾼들이 50퍼센트만 채우고 거기서 더 이상 깡통을 어떻게 채우는 지를 모르고 있어. 나의 사랑과 인정을 받으려고 하는 열정이 없는 사람들이 많이 있단다. 그들은 좋은 일을 많이 하고 있지만 나의 더 많은 사랑과 인정으로 깡통을 채우려는 열정이 없으면 나를 간절히 찾기 위한 침묵기도의 중요성을 깨닫지 못하게 된다. 그러나 그들도 항상 뭔가 부족하다는 것을 느끼고는 있는 상태이다. 다음 단계인 세번째는 침묵기도로서 나를 간절히 찾는 자가 채워지는 단계이지. 그렇게 될 때 그들은 나의 마음을 이해하게되고 나의 사랑을 알게되므로 75퍼센트가 채워지게 된다. 나머지 25퍼센트는 내가 올 때 채워지는 것이지. 나를 사랑하는 자가 나의 사랑을 입는다는 말씀이 이

루어지는 단계란다. 그렇게 될 때 그들은 나의 깊은 사랑을 느끼고 나에 대한 사랑이 더욱 더 자라게 된단다. 그리될때 그들의 깡통이 차고 넘쳐서 다른 사람들과 나의 사랑을 나눌 수 있게 되는 것이지. 네가 침묵기도에 시간을 더 할애한다면 나의 사랑과 인정으로 너의 깡통이 채워질 것이다. 나를 찾는 자들은 하늘의 보물을 찾는 것과 같다. 나를 찾게되면 내 마음을 알게되고 그때 비로소 내가 원하는 것을 할 수 있게 될 것이다."

14. 은혜

"주님, 저의 깡통에는 주님의 사랑과 인정이 어느 정도 채워져 있나요?"

"50퍼센트."

"아, 50퍼센트뿐인가요? 그래서 제가 주님의 사랑을 더 느끼고 싶다는 생각을 하게 되었군요. 저는 당신께 특별한 아이라는 말을 듣고 싶었어요. 저를 사랑한다고 말씀하셔도 무엇인지 부족한 것을 느꼈거든요. 왜 그런지 이제는 알 것 같아요. 저의 깡통이 반밖에 차지 않았으니 그럴 수 밖에요."

"나의 사랑하는 딸아, 나에 대한 믿음이 있고 또 나를 섬기니 50퍼센트가 채워진 것이지만 그런 상태로 너무 오래 머물렀다. 사역에 바쁘다는 이유로 나와 보내는 시간이 줄어들면서 영적인 에너지가 고갈된 것이다. 그럴 때 사람들은 나에게 와서 내가 주는 영적인 음식을 먹는 대신 엉뚱한 곳에서 채우려 하기 때문에 계속되는 시행착오를 겪게 되는 것이다. 그러나 네가 침묵기도로써 나의 마음과 사랑을 알기 원할 때 나의 더 많은 사랑이 마음의 깡통에 차게 된다."

"예수님, 저를 용서해 주세요. 제가 다른 사람들의 사랑과 인정을 갈구하느라 주님을 간절히 찾지 않은 것을 용서해 주세요. 이미 사람들로부터 사랑과 인정을 받았는데도 불구하고 그것이 새나가는지도 모른 채 계속 받으려고 했어요. 그 모든 것은 잠시일뿐 제게 도움이 된 것은 없었는데 누군가 무관심한 반응을 보이면 제 마음이 무척 아팠어요."

"너의 초점은 사역이야. 그렇지만 너의 마음 깊은 속에서는 사람들로부터 사랑과 인정을 받기를 원했어. 그런 면에서 네가 나를 의지하지 않고 사람들을 의지했다는 거지. 그것은 잘못한거야. 네가 오랫동안 사역을 나보다 더 중요시 여겼다는 것을 이야기 하고 싶어. 너의 초점은 내가 아닌 사람들이었어. 사실은 너의 진정한 초점은 다른 사람이 아닌 너였던 거야.

너의 마음의 빈깡통을 채우지 못할 때 무엇을 해야하지?"

"예수님, 사람들에게 사랑과 인정을 받을 수록 제 인생에서 그것들이 차지하는 부분이 많아지고 그게 제 자신을 위한 거란 걸 깨닫지 못했어요. 그러니 주님께 기도함으로 빈 마음의 깡통을 채우려고 하지 못했던 거에요."

"나의 사랑하는 딸아, 네가 이것을 알게 되었다는 것만해도 치유를 받을 수 있다는 증거란다. 누구나 가진 것이 없을 때는 줄 것도 없단다. 너의 마음에 있는 빈깡통은 사람이 아닌 나만 채울 수 있기 때문에 너에게 침묵기도를 하라고 불렀어. 너의 영적인 상태도 알려주고 치유를 해주려고 한 것이지."

소녀는 사랑스런 눈으로 그녀를 바라보는 주님을 바라보았다. "주님, 감사합니다. 아무도 죽어가는 저의 영적인 상태에 대해 말해주지 않았어요. 그런 저의 심각한 상태도, 사람의 사랑을 갈구한 것도, 텅빈 상태에서 남에게 주려 했던 것도 몰랐어요. 주님의 말씀을 듣고보니 50퍼센트 찬 것도 기적과 같은 일이군요. 주님을 간절히 찾는 기도로 시간을 보내지 않은 것을 용서하세요. 당신의 은혜에 감사합니다."

예수님은 만족한 웃음으로 가득찼다. "나의 은혜가 네게 족하다. 나와 나눈 이야기들을 다른 이들과 나누어라. 깡통의 채워진 양과 어떻게 채울 수 있는지 이야기 해주어라. 따라와라. 내가 또 보여줄 것이 있다."

15. 거지의 깡통

예수님과 함께 도착한 곳은 거지들이 우글거리는 큰 도시였다. 깡통을 하나씩 들고 구걸을 하러 돌아다녔다. 그렇게 많은 거지들을 처음 본 소녀는 조금 더

가까이 다가가서 지켜보았다. 놀랍게도 그들은 거지가 아니라 좋은 옷을 입은 사람들이었다. 다만 끼니를 굶은 듯한 얼굴로 '제발 사랑과 인정을 주세요'라고 써있는 깡통을 들고 다녔다. 그들이 간절히 원하는 것은 음식이나 돈이 아니라 관심과 사랑이었던 것이다.

"예수님, 우리의 마음속에 당신의 사랑과 인정으로만 채울 수 있는 빈깡통이 있다고 들었는데 왜 이 사람들은 깡통을 손에 들고 있어요?"

"나의 사랑하는 딸아, 네가 보고 있는 것은 거지깡통이라는 것인데 영적인 눈으로만 볼 수 있는 것이다. 모든 사람들은 태어날 때 부모들로부터 받은 거지 깡통이 있단다. 그 깡통은 그 사람이 속한 문화와 환경에서 중요하다고 생각하는 것들로 채워지는 것인데 채워진 정도에 따라 타인의 인정을 받을 수 있다고 생각하지. 그러나 그것은 아무리 열심히 해도 가득 채울 수 없는 구멍난 깡통이란 걸 모르는 사람들은 사랑과 인정을 못받게 되면 화내고 좌절하게 되는 거란다. 내가 준 마음의 빈깡통을 채워야만이 진정한 기쁨과 평안 그리고 만족을 얻게 된다는 것을 모르고 있는 사람들이 많이 있어. 진정으로 건강해지기 위해서는 내가 주는 사랑과 인정이 들어있는 영혼의 양식을 먹어야 한단다. 사람들이 받기 원하는 것은 사랑이고 너무나 갈구하기 때문에 서로에게 나눠줄 것이 없는거야. 설사 조금 나눠준다 해도 곧 다시 돌려받기를 원하게 되는 것이지. 그 악순환의 고리를 끊으려면 내가 준 마음의 깡통을 채우기 위해 나에게 와야한다. 그들이 나의 사랑을 알게되고 그 사랑을 다른 사람들과 나눌 때 그들의 마음의 깡통이 나의 사랑으로 가득 차게 되어 마음에 변화가 오고 믿음과 기쁨을 얻는단다."

이 말씀을 듣는 동안 그녀의 손에도 거지 깡통이

들려있다는 것을 알고 소녀는 깜짝 놀랐다. "예수님, 저도 거지 깡통을 가지고 있네요. 이제보니 바닥이 온통 구멍투성이라 다 새어나갈 수밖에 없겠어요."

"네가 영적인 눈을 뜨고 볼 수 있게 된 것이야. 지금 네 팔에 걸려있는 거지 깡통을 버려야 한다. 마음에 있는 깡통을 나의 사랑으로 채우려 할 때만이 나의 사랑을 느낄 수 있고 행복을 느낀단다. 그럴 때에 네가 다른 사람과 나누는 것은 나의 사랑이 된단다."

"거지 깡통에 대해서 좀 더 말씀해 주세요."

"네가 거지 깡통을 채우려면 마음 상하는 일이 많다. 왜냐하면 마음의 깡통을 나의 사랑으로 채우는 것에는 관심이 없고 사람들로부터 사랑과 인정을 받으려고 하기 때문이다. 다른 사람들의 사랑과 인정을 기대하면 네가 구멍이 난 거지 깡통을 채우려는 거란다."

"주님, 그러면 이 거지 깡통의 좋은 점은 전혀 없는 건가요?"

"사람의 지혜로 만들어진 것들은 계속 타인과 비교하고 판단하게 만들므로 서로에게 상처를 준단다. 그 거지 깡통은 결국 아무 쓸모가 없는 것이지. 그러나 그 깡통이 채워지지 않는다는 걸 깨닫고 과감히 버린 후 나를 따라오게 되면 그 또한 좋은 일이지."

소녀는 자기 손에 든 깡통을 바라보며 말했다. "예수님, 바로 그런 이유들 때문에 제가 상처를 받은 것이었군요. 다른 사람들이 채워 줄 수 없는 깡통을 채

우려하니 문제가 생긴 것이지요. 제가 이런 문제들을 어떻게 해결해야 할까요?"

"나의 사랑하는 딸아, 네가 그 깡통을 버리고 마음의 깡통만 나의 사랑으로 채우려 할 때 너는 자유해질 수 있다. 사람들에게 사랑받고 인정받으려는 마음을 버려라."

"주님, 지금 당장 이 깡통을 버리겠어요."

길가에 있는 쓰레기통에 거지깡통을 버리는 순간

그녀의 등에 얹혀있던 무거운 짐이 사라지는 느낌이 들었다. 홀가분해진 기분으로 껑충껑충 뛰면서 소녀는 소리쳤다.

"예수님, 저 좀 보세요. 이렇게 가볍게 뛸 수 있게 되었어요. 제 등에 무거운 짐이 있는줄도 몰랐는데... 신기하게도 슬픈 마음도 다 사라졌어요."

"나의 사랑하는 딸아, 네가 다른 사람들의 사랑과 인정으로 거지 깡통을 채우려고 할 때마다 나의 사랑을 생각하렴. 지금부터 너는 다른 사람들이 너를 어떻게 생각하고 대접하는지 생각하지 마라. 그래야만이 너는 내가 원하는 것을 하게 된단다."

"이렇게 놀라운 사실을 알려주셔서 감사합니다. 더 이상 사람들에게 사랑과 인정을 구걸하지 않게 해 주세요. 실은 다른 사람들이 제게 원하는 것을 못해줄 때, 그래서 그들이 자꾸 그것을 요구하면 제 마음이 복잡하고 상하게 되거든요."

"나의 사랑하는 딸아, 많은 사람들이 거지 깡통을 채우는 것에만 마음이 집중되어 나에게 오지 않는단다. 그들은 사람들이 원하는 것만을 생각하기 때문에 마음의 빈깡통을 채우려고 노력하지 않는다. 그들에게 나의 사랑을 알려주렴. 내가 그들의 필요를 알고 있다. 나는 그들의 상처를 치유할 수 있단다. 대부분의 사람들이 다른 사람들의 사랑과 인정을 원하는 만큼 받지 못하고 또 그나마 조금 받은 것마저 계속 새어나가니 많은 상처를 받은 상태란다. 나는 그들이 나의 사랑을 알기를 원해. 그들이 나에게 와서 기도하며 나를 알게 될 때 그들의 상처가 치유 된단다. 나는 네가 나에게 오는 것이 기쁘단다. 네가 나의 사랑을 알려할 때 알게 될 것이다."

"저에게 침묵기도를 하라고 불러주셔서 감사해요. 그렇지 않았다면 다른 사람들의 사랑과 인정으로 저의 거지 깡통을 채우려 했었을 거예요. 용서해 주세요."

예수님의 얼굴은 기쁨으로 가득 찼다. "나의 사랑하는 딸아, 나의 말을 듣고 순종하는 것이 기쁘다. 네가 할일이 있다. 나를 위해서 일하는 자녀들이 나를 전심으로 찾기를 위해 기도하라. 그래서 그들도 거지 깡통을 버리고 나의 사랑으로 마음의 깡통을 채우라고 말하라. 그들이 마음과 정성을 다하고 뜻과 힘을 다하여 나를 찾기를 원하는 마음을 갖기를 위해 기도하라. 나를 간절히 찾을 때에 그들은 나를 만나게 된단다. 사람들의 사랑과 인정을 받으려고 하는 사람마다 실망을 느끼게 된다. 또 사람들이 주는 것이 절대로 네 마음을 채울 수 없다는 것을 알라. 나를 따라오너라. 내가 너에게 더 보여 줄 것이 있다."

16. 아픈 남자

이번에 도착한 곳은 도시 중간에 높고 큰 병원이 있었는데 많은 사람들이 병원 침대에 누워 있었다. 그

중에 한 남자는 침대에 앉아서 흐느껴 울고 있었다.

예수님은 그 사람을 가리키며 말씀하셨다. "이 사람은 나의 일을 하는 사람이다. 그런데 나하고 시간을 보내지 않아서 나로부터 영적인 음식을 공급받지 못하고 영양실조로 거의 죽어가는 상태가 되어서 이 병원에 왔단다."

"이 남자는 왜 그렇게 되었어요?"

"나의 사랑하는 딸아, 그는 사람들이 주는 사랑과 선물에 눈이 멀어서 내가 주는 선물에 관심을 잃었단다. 그러다보니 내가 그에게 무엇을 원하는지 생각도 하지 않았지. 그래서 나를 찾기보다는 자기에게 이익되는 것만을 찾았단다. 물질적인 필요성만 추구하고 영적인 것을 추구하지 않았어. 그리고나서 그 물질로 인해 영적인 죽음이 왔어. 그는 돈으로써 큰 산을 옮길 수 있다는 잘못된 믿음을 갖게 되었고 나랑 시간을 보내는 대신 돈을 사랑하는 사람들과 어울리다가 배신을 당하고 모든 재산을 잃게 되었다. 그제서야 그는 자기가 돈을 나보다 사랑하게 된 것을 알게되고 지금은 회개하는 중이다. 그에게 정말 필요한 것은 나라는 것을 알게 된거지. 그는 병원에 와있지만 곧 나을거야."

"예수님, 이것은 정말 저의 삶에서 어려운 레슨이예요. 제가 너무 오랫동안 가난한 환경에서 살아서 물질적인 어려움은 너무 큰 아픔이에요. 그래서 물질적인 어려움을 해결하려고 돈을 버는데 많은 시간을 낭

비 했잖아요. 주님께서 저에게 일을 하라고 부르셨을 때 너무나 돈 문제가 많아서 제가 순종하고 따라가기가 어려웠어요. 어떻게 해야지 돈을 사랑하는 데서 자유를 얻을 수 있을까요?"

"나의 사랑하는 아이야, 계속 내가 너에게 무엇을 원하는지 알기 위하여 기도하라. 내가 원하는 것은 너에게 나의 사랑을 가르치는 것이다. 네가 나의 사랑을 이해할 때 너의 필요한 것이 다 채워졌다는 것을 알게 될 것이다. 그런 후에 네가 다른 사람들에게 나의 사랑을 알릴 수가 있단다."

"감사해요. 당신의 사랑을 계속 이해하도록 도와주세요. 그래서 돈보다 당신을 더 사랑하게 해 주세요. 당신이 없이는 아무 것도 할 수 없다는 것을 배우고 있어요."

"그래, 네가 지금 조금씩 나의 사랑을 배우고 있는 거야. 네가 할 수 있는 것들도 있지만 그것이 내가 원하는 것이 아니다. 너는 내가 원하는 것을 해야 한다. 나를 따라 오너라. 내가 너에게 나의 사랑을 가르쳐 주겠다."

17. 제 멋대로 빛나는 돌

나무로 둘러싸인 아름다운 호숫가에 도착한 예수님과 소녀는 햇빛에 반사되어 빛나는 돌들을 바라보았다. 그런데 가까이 가서 보니 그 돌들은 햇빛과 관계없이 그 자체만으로 빛나고 있었다. 예수님은 허리를 굽혀 돌을 하나 주워서 소녀에게 보여주셨다. 이 세상의 어떤 보석보다도 아름답고 황홀한 빛을 발하고 있었다.

"오, 예수님, 정말 아름답네요. 어디서도 이렇게 멋진 보석을 본 적이 없어요."

"그래, 너의 말이 맞아. 제 아무리 화려하고 비싼

보석도 흉내낼 수 없는 아름다움이지. 너가 느낀 이 아름다움은 내가 사람들을 볼 때 느끼는 감정들이란다. 나의 형상을 따라서 만들어진 인간은 모두 이렇게 제 멋대로 빛나고 있지."

"제 멋대로라고요? 그럼 엉망진창이란 뜻인가요?"

"그렇지않아. 제 멋대로라는 것은 각각의 사람들에게는 자신만의 개성이 있도록 내가 만들었기 때문에 다른 사람들과 구분되는 멋이 존재한단다. 모두가 똑같은 기준으로 만들어졌다면 얼마나 재미없는 세상이 되었겠느냐. 이 세상에 빛나지 않는 인생은 단 하나도 없다. 모두 소중하지."

예수님의 그 말씀을 듣고보니 바닥의 돌들이 더 아름답게 빛나보였다. 하나님의 놀라운 미적 감각과 위트가 느껴지며 크기나 모양에 관계없이 생긴대로 존재하는 돌들이 귀하게 여겨졌다.

그 때 예수님은 다른 돌을 하나 더 그녀에게 건네주셨다. 그 돌은 특이하게도 한면만 빛이 나고 다른 면은 검고 칙칙했다. 빛나는 면의 아름다움에 심취했다가 뒷면을 보니 슬픔과 상실감이 더 크게 느껴졌다.

"예수님, 이 돌은 이상해요. 왜 아름다움과 슬픔이 동시에 느껴지죠?"

"나의 사랑하는 딸아, 나의 일을 하는 일꾼들 중에도 생명의 말씀을 온전히 받아들이지 않고 자기 편한 대로 골라서 취하는 이들이 많이 있다. 그래서 말씀속에서 기쁨을 얻는 반면 어떤 것은 받아들이지 않아 혼

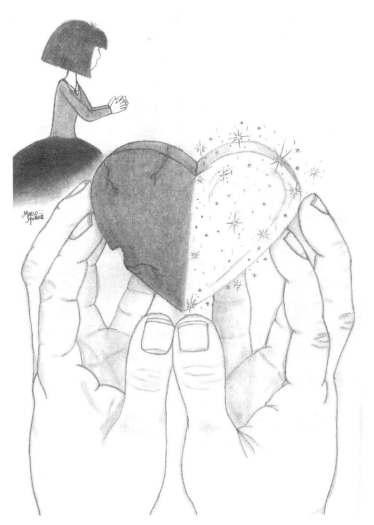

란에 빠지곤 한단다. 나를 믿는다고 하면서도 슬픔과 고통에 잠겨 기쁨의 빛을 잃게 되는 것이다."

"왜 그런 일이 생기나요?"

"생명의 말씀을 나의 뜻이 아닌 자기의 생각대로 해석하기 때문이다. 생명의 말씀은 죄에서 해방되고 마귀의 사슬을 끊도록 도와주지만 사람들은 세상적인 기준에 맞추어 내 말을 이해하기에 그 능력을 잃는다. 너는 반드시 제대로 이해 한 후에 가르쳐야 한다."

"그러고 보니 저도 제 생각대로 해석하고 받아들인 대로 가르치는 죄를 범한 적이 한 두번이 아닌것같아요. 물론 일부러 그런 것은 아니지만 용서해주세요."

"그래 모르고 지은 너의 죄를 용서하마. 사람들이 내 말을 받아들이지 않는 이유는 여러가지가 있으나 가장 일반적인 것은 다른 사람들의 반응에 지나치게 신경을 쓰기 때문이다. 성경적인 가르침이 옳은 것을 알더라도 세상 사람들의 반대나 비판이 두려워서 시류에 편승하고 적당히 타협하려고 하지. 한 가지 예를 들어볼까? 동성연애에 관해 찬성하는 사람들에게 옳지 않다고 용감하게 말할 수 있는 사람이 과연 몇 명이나 될까. 나는 사람들이 내 말에 순종하기 원한다. 죄는 사람에게 슬픔과 고통을 가져다 준다."

"예수님, 정말 민감한 문제에요. 하지만 당신은 죄인을 부르러 오셨고 아무도 정죄 안한다고 생각 했는데 왜 하필이면 동성연애에 대해서 말씀하시나요? 모든 사람은 죄인이잖아요. 저는 동성연애자를 정죄하고 본인은 의인인 것처럼 생각하는 사람들을 볼 때 하나도 나을 것이 없다고 생각 하는데요."

"사랑하는 딸아, 네가 맞다. 나는 모든 사람들을 사랑한다. 마귀는 속삭이지. 내가 동성연애자를 정죄하고 미워한다고 말야. 그러나 나는 누구도 정죄하지 않는다. 내가 원하는 것은 다만 그들이 내 말을 듣고 순종하는 것이다. 그래야 나와 가까운 관계를 맺을 수 있다."

그녀는 숨죽이며 예수님 말씀에 귀 기울였다.

"지금도 마귀는 거짓으로 사람들을 고통속에 빠트리고 있다. 내가 영원히 그 죄를 용서하지 않을거라고…사람들은 내가 모든 이들의 죄를 대신해서 죽었다는 것을 자주 잊어버리곤 한다. 사랑하지 않는 사람을 위해 죽는 것이 가능할거라 믿느냐? 나는 단 한 사람도 고통의 불 속에서 마귀의 고문을 받는 것을 원하지 않는다. 누구든지 용서를 구하고 나를 믿는 자는 구원을 얻는다. 나는 사람들이 죄에 빠졌을 때 그들이 나에게 오는 것을 원해. 그래서 그들이 용서를 받고 마음의 평안을 얻기를 원한다. 너는 생명의 말씀을 통해 내가 그들을 정죄하지 않는다는 것을 알리고 그들이 죄를 용서받고 평안함을 찾는 것을 원한다는 것을 알려라."

"예수님, 미국의 여러 주에서는 동성연애를 합법화해서 그런 삶을 살아도 괜찮다고 인정을 해 주는데 하나님의 말씀은 그것이 죄라고하니 사람들이 더 혼란스러워하고 받아들이기 힘들어하는 것 같아요."

"나의 사랑하는 딸아, 그들을 정죄하라는 것이 아니다. 다만 나의 말씀을 제대로 이해하여 그들이 죄에 빠지지 않도록 가르치라는 것이지. 죄로 물든 고통의 삶은 마귀에게 문을 열어주기 때문이다. 나는 네가 모

든 사람들을 사랑하길 원해. 그러나 무엇이 옳고 그른지는 나의 말을 따르라는 것이지."

"주님, 당신 말씀에 순종할 수 있도록 도와 주세요. 당신은 누구도 정죄하지 않으시니 저도 절대로 정죄하는 마음을 갖지 않게 도와 주세요."

"나의 사랑하는 딸아, 기도해야한다. 나의 잃어버린 양들이 죄에 빠질 때 회개할 수 있도록 성령님께 도와달라고 기도하라. 그래서 잃어버린 양들이 돌아와서 기쁨을 회복하고 나와 함께 걷기 원한다. 그렇게 되면 천국에서는 성대한 잔치가 열릴 것이다. 그 날 그들은 다시 제 멋대로 빛나는 보석이 되어 나의 호숫가를 아름답게 빛낼 것이다. 자 이제 나를 따라오너라. 이곳에서 오래 머무를 수가 없다."

소녀는 아쉬운 마음으로 다시 한번 호숫가를 쳐다보면서 예수님을 따라가기 시작했다.

18. 새는 지붕

끝없이 펼쳐진 길을 따라 걸으며 소녀는 많은 생각에 잠겼다. 왜 침묵기도를 시키신걸까? 이제 무엇을 가르쳐주실 것인지 곰곰히 생각하며 하늘의 구름을 바라보았다. 그녀는 구름을 좋아했다. 구름을 쳐다보면 주님의 아름다움이 느껴지고 구름을 통해서라도 뭔가 알 수 있지 않을까 하는 기대를 갖고 보게 되었다. 만약 자기가 구름이라면 하늘에서 더 많은 것을 내려다 볼 수도 있겠지 하는 생각도 하며 걷고 있었다.

저 멀리 동네가 보이기 시작하자 주님은 발길을 재촉하셨다. 검은 먹구름이 하늘에 끼더니 비가 주룩주록 내리는 것이었다. 동네에 가까워지자 천둥이 치고 번개가 하늘을 반으로 갈랐다. 소녀는 주님의 손을 붙잡고 있으면서도 두려움이 밀려왔다.

그런데 동네에 도착해보니 대홍수로 인해서 집들만 떠내려가는 것이 아니라 사람들도 떠내려 가며 도와 달라고 아우성을 치고 있었다. 어떤 이들은 그 사람들을 도와 달라고 울고 있었다. 지붕이 망가져서 비가 새는 교회도 보였다. 처음보는 광경에 소녀는 너무 놀랐다. 어쩔줄 모르는 가운데 이 동네가 어딘지 낯익은 동네라는 것을 발견했다. 바로 그녀가 살던 동네였다. 도로가 망가져서 여러군데가 막혀 있었는데도 좁은 길을 통해 예수님은 소녀를 인도하셔서 마침내 그녀의 집에 도착했다.

집안에 들어가 보니 모든 방마다 지붕이 새어서 물이 그녀의 무릎까지 차고 침대에 있는 이불까지 다 젖어서 도저히 어떻게 해야 할 바를 몰랐다. 이불의 물을 짜내려해도 불가능했다.

"예수님, 왜 이렇게 제 집의 지붕이 새게 되었을까요? 저는 지금까지 우리집이 튼튼한줄 알았어요."

"나의 사랑하는 딸아, 많은 일꾼들이 이런 상태에 있단다. 나의 말씀을 듣기만하고 행동으로 옮기지 않으면 이렇게 되는거야. 먼저 고쳐야 하는 것은 그들의 마음이다. 나를 섬긴다고 하면서도 온전한 마음으로 섬기지 않아. 한 발은 세상에 서있고 또 한발은 천국 나라에 서있는 삶을 살고 있단다. 그래서 많은 집들이

새고 있지. 새는 곳이 많아서 실망하고 어려움을 겪고 있단다. 그들이 나를 위해서 산다고 하면서도 구태의연한 기도를 하며 전심으로 나를 찾지 않았기 때문에 겪는 어려움들이지. 그들의 집에 지붕이 샐 때 나에게 온다면 해결할 수 있을 텐데 자기들의 생각대로 고치

려 하기 때문이란다. 나만이 그들의 상처를 치유해주고 평안을 줄 수 있지. 그러나 나의 사랑과 능력을 알게 되는 자들은 나를 전심으로 찾고 나에게 오는 자녀들이란다. 항상 기도하라는 나의 말씀을 순종하여 나에게 와서 기도 하고 나를 의지하면 그런 어려움은 겪지않게 된다. 너도 전에 기도를 많이 하고 나의 음성을 들으려고 침묵기도를 할 때는 나의 사랑을 더 느끼고 너의 지붕이 새지 않았지. 그런데 한 동안 네가 너 자신을 의지했어."

"성령님께서 저에게 기도할 때 말을 하지말고 침묵 가운데 들으라고 하신 때가 있었어요. 그 때 저는 예수님의 사랑을 느끼고 당신의 음성을 제 마음에 뚜렷이 들을 수가 있었어요."

"그 때는 내가 너에게 나의 사랑을 느끼게 해 주었지. 그러나 네가 나의 일에 바쁘다고 나와 보내는 시간을 소홀히 한 후부터 네 지붕이 새기 시작했다는 것도 너는 모르고 있었어. 그래서 내가 너를 침묵기도를 하라고 부른거다."

"주님, 감사합니다. 당신께서 도와 주시지 않으면 저는 아무 것도 알 수 없고 할 수도 없습니다."

"사람들이 나를 전심으로 찾는 것이 중요하다고 알고 나에게 오기까지는 그들의 집은 작은 홍수에도 무너질 수 있다. 생의 어려움은 그들이 나에 대한 믿음이 있는가 없는가를 알려준다. 그들이 나에게 오면 내가 그들이 어떤 영적인 상태에 있다는 것을 알려주고 어떻게 지붕을 고칠 수 있는 가를 가르쳐줄 것이다. 그럴 때 마음의 평안이 있단다. 나의 방법으로만 튼튼한 집을 세울 수 있다. 슬픈 일은 나의 많은 자녀들의 지붕이 새고 있다는 사실이다. 기도가 부족한 교회들도 마찬가지로 지붕이 새고 있어. 세상을 다 얻고도 나를 잃어버리면 그들에게는 평안과 치유가 없어. 사람들의 사랑과 인정을 받는 것도 끝내는 도움이 되지 않아. 왜냐하면 나와 같이 걷지 않는 사람들은 평안을 가질 수 없기 때문이다. 나의 생명의 말씀은 믿음의 기초가 되게 한다. 그들의 마음에서 먼저 집의 기초를 세우게 되는 반석과 같다. 그런데 그 위에 집을 세우기 위해서는 기도함으로 나와의 관계가 가까워질 수 있단다. 나와 동행을 해야 성령께서 그들에게 어떻게 집을 세우는가를 도와주며 인도할거야. 그렇게 되면 나와같이 안전한 집안에서 음식을 나누어 먹을 수 있단다."

"예수님, 용서하세요. 제가 성경 읽기를 소홀히하고 기도가 부족했던 것을 용서해 주세요. 제가 어떻게 해야 저의 집을 고칠 수 있나요? 마음이 정말 어렵네요."

"사랑하는 딸아, 기도하라. 기도는 새는 지붕을 고치는 것이다. 네가 보고 있는 것은 너의 영적인 상태이다."

"저의 영적인 상태를 보게 해 주셔서 감사합니다. 어떻게 저의 지붕을 고칠 수 있을까요?"

"너의 지붕이 고쳐지기 시작했단다. 네가 침묵기도를 시작하고 나의 사랑을 더 알게되고 나의 음성을 들으려고 조용히 마음을 가다듬고 기다리기 시작한 후부터 성령께서 지붕에 올라가서 다른 기도하는 사람들과 함께 너의 지붕을 고치고 있단다. 너는 아무 염려할 것 없다. 나와 갖는 시간을 늘리고 계속 침묵의 시간에 나의 마음을 이해 하려고 노력하라. 그렇게 하면 너의 천국에서의 집은 완전하고 아름다운 집이 된단다."

"주님, 성령님과 같이 저의 집을 고쳐주는 사람들이 있다고 하셨는데 그것에 대해서 말씀해 주세요."

"나의 사랑하는 딸아, 네가 알지 못하는 사람들 또 너를 알고 있는 사람들이 너를 위해서 기도를 하고 있다. 기도는 다른 사람의 영적인 상태를 돕는단다. 그래서 내가 너에게 기도하라고 하는거다. 특별히 너는 영적인 지도자들을 위해서 기도하라. 그들이 나의 일을 하려면 많은 기도가 필요하다. 그래서 집을 잃어버리고 나를 부인하고 세상을 사랑하는 사람들과 죄에 빠져서 자신들도 홍수에 떠내려 간 사람들도 있단다. 네가 그런 사람들을 본 적도 있지 않니?"

"네, 주님, 이제보니 처음에 이 동네에 들어올 때 홍수에 떠내려 가는 사람 중에도 주님을 섬긴다고 하는 사람도 있었어요. 주님, 저를 도와주세요. 제가 죄 속에 빠져서 세상을 사랑하지 않도록 저를 꼭 잡아주세요."

"내가 너를 도와줄 것이다. 나를 따라오라. 나와 같이 걷는 동안 너의 집이 고쳐질 것이다."

19. 청소하는 사람들

이번에 도착한 곳은 아주 조용하고 깨끗한 아름다운 도시였다. 그 도시 중앙에 자리잡은 높은 건물에는 "기도의 집"이라고 써 있었다. 예수님과 그 곳에 도착했을 때 청소하는 여러 명의 여자들이 빗자루를 들고 들어가는 중이었다. 건물 안에는 큰 캐비닛이 있었고 여자들은 그 곳에 빗자루를 보관했다. 소녀는 동네가 깨끗한 이유를 알게 되었다.

예수님은 웃으며 자랑스럽게 말씀하셨다. "나의 사랑하는 딸아, 여기 있는 나의 딸들은 기도의 용사들이란다. 모두가 잠든 밤에도 이들은 길에 나가서 쓰레기를 줍고 청소하지. 낮에도 계속 청소한단다. 대부분의 사람들은 누군가 이런 일들을 하고 있다는 것을 모른다. 그러나 이런 나의 사랑하는 딸들이 없다면 이 도시는 쓰레기 난장판이 되어버린다. 다른 사람을 위해서 기도해 주는 것은 마음을 청소해주는 일이란다."

"주님, 제가 다른 사람들을 위해서 기도해 주는 것을 소홀히 한 것을 용서해 주세요."

"나의 사랑하는 딸아, 내가 너를 용서한다. 나는 네가 다른 사람들을 위해 기도함으로써 그들을 도와주기 원한다."

 "예수님, 이 동네는 기도하는 사람이 많아서 모든 거리가 깨끗했군요."
 "물론이지. 그들의 기도가 아니면 길은 물론이고 모든 곳들이 아름다움을 잃어버린단다. 너를 위해 숨어서 기도해 주는 사람들이 많단걸 알고 있느냐? 그들은 나의 성전에서 영양을 공급받고 있어. 나는 네가

그 성전에 오기를 원하고 있다. 그래서 이렇게 너를 인도하고 있는 것이지."

"주님, 다른 사람들의 기도로 제가 주님과 걷고 있다는 것을 알게 해 주셔서 감사합니다. 저도 기쁜맘으로 그 기도의 빚을 갚을 수 있게 도와 주세요."

"나의 사랑하는 딸아, 그것은 쉽지가 않단다. 그러나 네가 한눈 팔지않고 나에게 순종하기 위해 계속 따라오면 가능하다. 지금부터 나와 가장 많은 시간을 보내도록 노력하라."

"지금부터는 절대로 주님이 원치 않는 곳에서 시간을 낭비하지 않도록 저를 도와주세요. 그래서 다른 사람들을 위해서 기도할 수 있게 도와주세요. 그렇게 하려면 무엇을 해야 할까요? 누구 보다도 주님을 기쁘게 해 드리고 싶어요."

"사랑하는 딸아, 지금 너는 나를 기쁘게 하고 있어. 무엇을 기도할까 묻는 것은 아주 중요하다. 많은 이들이 나에게 묻지않고 자기들이 원하는 것만 일방적으로 내게 이야기하지. 나는 네가 나와 대화하는 법을 배우기 원한다."

"제게 알려주세요."

"네가 나에게 말하는 것 보다 내가 할 말이 있을 때 경청하기를 원해. 성령께서 인도하는대로 기도를 한 후 계속 침묵기도를 하면 네가 무엇을 기도해야 하는지 알려 줄거다."

"주님, 지금은 무엇을 위해서 기도할까요?"

"나의 사랑을 더 알기 위해서 기도하라. 네가 나의 사랑을 이해하면 내가 원하는 것을 할 수 있다. 세상에는 많은 사람들이 나의 사랑을 모르고 병들어 죽어가고 있다. 그들을 위해서 기도하라. 그들이 나의 사랑을 알기위해서 기도하라."

"감사합니다. 당신의 사랑을 더 알게 해 주세요. 죽어가는 영혼들이 주님의 사랑을 알고 구원을 받게 그들의 마음을 열어주세요."

"나의 사랑하는 딸아, 내가 너를 사랑한다. 나를 계속 따라오너라. 내가 네가 알지 못하고 생각지도 못했던 곳으로 너를 인도하겠다. 네게 가르칠 것이 많다."

20. 부자의 잔치

예수님과 걸으면서 그녀는 마음이 가벼웠다. 아름다운 산을 지나 멀리 다른 동네가 눈에 들어왔다. 유난히 다리가 많은 동네였다. 여기를 보아도 저기를 둘러보아도 수많은 다리가 보이는데 그 다리밑에는 노숙자들이 박스나 이불을 덮고 누워있었다. 병색이 짙고 시체처럼 보이는 사람은 물론 박스안에서 잠든 어린아이들도 많이 있었다. 한 엄마는 아이를 안고 있었는데 가진 것이라고는 얇은 이불 한 장 뿐이었다. 그들의 앙상한 뼈와 허기진 얼굴을 들여다보니 소녀는 마음이 아파서 눈물이 나왔다.

"예수님, 왜 이 도시에는 갈곳이 없고 배고픈 사람

들이 많이 있어요? 이 곳에 어린아이들도 많아요."

예수님도 슬픔에 찬 눈으로 말씀하셨다. "나의 일꾼들이 이 사람들을 돌보아야 한단다. 이런 어려운 사람을 돕는 것은 곧 나를 돕는 것이다. 내가 그들을 만들었는데 가진 것이 없어서 이렇게 천대를 받으며 어려움을 겪고 있으니 교회에 갈 엄두도 내지 못하고 있단다. 네가 이런 사람들에게 영적인 도움을 주도록 계속 재소자와 노숙자들을 위해서 출판을 하여 배포하라. 너는 받은 것이 많다. 복음의 씨를 책으로써 뿌릴 때 풍성한 열매를 보게 될 것이다. 왜 부모가 책을 사줄수 없는 아이들에게 책을 배포하라는 일을 하라고 했는지 이제 이해하겠니? 나는 그들이 이 땅에서 받은 고통과 아픔을 천국에서 몇 배로 갚아 줄거야."

"주님, 왜 저에게 가난한 자에게 복음의 씨앗을 뿌리라고 말씀하셨는지 이해하겠어요. 그리고 아무 것도 잘못한 것이 없는 아이들에게 주님의 사랑이 더 필요하다는 것을 깨달았어요. 주님, 제가 당신이 원하시는 것을 할 수 있도록 저를 도와 주세요. 당신께서 이렇게 가르쳐 주시지 않으시면 다른 사람들의 고통과 아픔을 알 수 없으니까요."

"나의 사랑하는 딸아, 이제 내가 또 보여 줄 것이 있다. 따라오너라."

수많은 다리를 지나고나자 그 앞에는 화려한 호텔 같은 저택들이 있었다. 그토록 가난한 동네에 이런 집이 있을 거라고는 상상하기 힘들 정도였다. 한 무리의 거지들은 저택 앞에서 구걸을 하다가 하인들에게 빗자루로 얻어맞고 울며 도망가고 있었다. 예수님은 소녀를 데리고 그 집 안으로 들어갔는데 집주인 남자가 혼자 큰 상에 다리가 부러질 정도의 많은 음식과 과일을 차려놓고 끊임없이 먹고 있었다. 그는 자리에서 일어나기도 어려울 만큼 뚱뚱한 몸집임에도 불구하고 하인들은 계속 음식을 가져왔다.

소녀는 말했다. "조금 전 수많은 거지들이 다리 밑에서 굶주리고 있는 것을 보여 주셨는데 이제 이 곳은 한 사람이 먹는 상이 100명도 더 먹일 수 있을 것 같아요."

예수님께서는 고개를 끄떡이셨다. "그렇단다. 네가 보는 것은 실제로 일어나고 있는 일이기도 하지만 지금 보고 있는 것은 영적인 의미가 있단다."

"말씀해 주세요."

"나의 사랑하는 딸아, 나의 자녀들이 계속 성경 말씀을 공부하고 지식은 많으나 그들이 배고픈 사람들에게 그것을 나누려는 마음이 없단다. 그들의 초점은 자기 혼자만 더 많이 먹는 것이지. 성경을 공부해서 배는 불렀어. 그들은 정말 부자야. 그런데 음식을 다른 사람들하고 나누지 못하는 거야. 다리 밑에는 음식이 없어서 굶어 죽어가는 사람들이 있어. 그런데 나의 일꾼들이 교회에서 그저 배불리 먹기만 하고 있어. 그들은 이제 길에 나가서 나의 사랑의 음식을 배고픈 사람들에게 나누어 주어야 돼. 그런데 많은 나의 자녀들이 내가 준 생명의 양식을 먹고 건강해진 후에도 어떻게 다른 사람들과 나누어야 할지 모르고 있어. 받은 것이 많은 사람들에게서는 나는 많은 것을 도로 찾을 것이다. 성경을 안다는 것은 많은 영적인 음식을 받아

먹었다는 것이지."

"예수님, 저를 용서하세요. 저는 성경 말씀으로 제 자신만 만족하고 오랫동안 다른 사람들에게 주님의 사랑을 알리지 못한 것을 용서해 주세요."

"사랑하는 딸아, 내가 너를 용서한다. 네가 받은 것이 많다. 너의 성경 지식은 내가 너를 훈련 시킨 것이란다. 그래서 계속 내가 너에게 말씀으로 가르쳐 주는 것을 세상에 알려야 한다."

"저는 영적으로 배가 고픈 사람이 그토록 많은 줄은 몰랐어요."

"추수할 곡식은 많은데 일꾼이 적다고 한 이야기가 바로 그 이야기야. 많은 사람들은 자기가 가진 것이 내 것 인줄도 모르고 계속 자기 배만 채우고 있단다. 그들의 가진 것은 다른 사람들과 나누어 가지라고 준 것인데 움켜쥐고 내놓을 줄을 모르는구나. 네가 기억할 것은 네가 가진 것은 너의 것이 아니란 점이다. 그래서 성경 지식이 많은 사람들에게 그들의 은사를 사용하라고 권고하라. 부자들에게는 자기 것이 아니라는 것을 상기시키고 구제를 하라고 권고하라. 그래서 그들이 천국의 창고에 돈을 쌓아놓고 이 곳에 사는 동안에 가난한 자들을 돌보게하라. 너의 책 프로젝트도 가난한 사람들을 영적으로 돕는 것을 목표로 하라. 배부른 자들은 자기들이 진실로 필요한 것이 무엇인지 모르는 때가 있다. 그들의 영혼도 가난한 자들이지. 그러나 나는 네가 세상에서 먹을 것 없고 잘 곳이 없

는 사람들을 사랑으로 대해 주기를 원한다. 그들을 사랑하는 것을 나를 사랑하는 것 같이 하라."

"주님, 주님께서 저에게 가난한 사람들을 도와주라고 하신 것에 감사합니다. 굶주림에 허덕이는 자들을 보여주심으로 제가 해야 할 일을 깨닫게 해주심을 감사합니다. 당신께서 원하시는 대로 복음의 씨를 가난하고 굶주린 자들, 또 아무런 죄도 없는 어린이들을 위해서 당신의 사랑의 음식을 나누게 도와주세요. 제가 받은 것이 많다는 것을 알게 되었어요. 제가 가진 것을 배고픈 사람들과 나눌 수 있게 도와주세요."

예수님은 미소를 지으며 말씀하셨다. "네가 나의 마음을 이해하기 시작해서 기쁘다. 내가 주는 영의 음식을 다른 사람들과 나눌 때 영적으로 더욱 건강해지고 부유해진단다. 너도 가만히 앉아서 먹고만 있으면 운동부족으로 몸이 건강하지 못해. 자기들만 먹고 다리 밑에서 굶어 죽어가는 사람들을 생각하지 못하는 사람들에게 얘기하라. 거지들은 교회에 올 수도 없어. 그들은 깨끗한 옷이 없어서 냄새가 날까봐 엄두를 내지 못한다. 그래서 네가 그런 사람들을 도와주어야 한다. 배고픈 배를 움켜쥐고 있는 그들이 나의 사랑의 음식을 먹어야 살 수 있다. 나의 생명의 말로써 그들을 절망에서 구해 주어야 한단다. 다른 사람들에게 내가 너에게 말하는 것을 나누어라. 이 세상에 있는 모든 것이 나의 것이지. 내가 사람들에게 줄 때는 함께 나누라고 주는 것이란걸 기억해라. 많이 받은 사람들에게 나는 많이 요구할거야. 너도 많이 받았다는 것을 알아야한다."

소녀는 부끄러웠다. 자기 자신의 안락과 평안함을 더 많이 생각했기 때문이다. "예수님, 저는 성경을 공부했을때 제 생각만 했어요."

"내가 준 것은 나누라고 주는 것이다. 그것을 나누지 않으면 가진 것도 끝내는 다 빼앗기는 때가 올 것이다. 이 세상에서의 삶은 잠시일 뿐이다. 그 짧은 삶이 지나고 나면 네가 다른 사람들을 도와줄 수 있는 기회를 놓치게 된다. 어떤 사람들은 자기가 받은 것이 별로 없다고 생각하고 나를 섬기는 것을 아예 생각하지 않는 자녀들이 많아. 그렇게 되면 한 달란트를 사용하지 않고 숨기는 종이 되버리는 것이지. 그러나 네가 성령님의 인도를 받으며 일을 할 때 많은 사람들을 도울 수 있을 것이다. 많은 일꾼들이 나를 위해서 일한다고 하면서도 자기 배만 채우고 있기에 기쁨이 없단다. 그럴 때 나의 일꾼들은 나를 섬기는 것이 아니고 자기들을 섬기게 되는 것이다. 너는 섬김의 기쁨을 알지? 그것을 다른 사람들에게 이야기해야 한다."

"당신을 섬길 때 주신 그 기쁨은 마치 마음이 기쁨의 강물로 가득 채워진 것 같았어요. 주님께서 교도소와 문서 선교를 통해서 알게해 주신 기쁨은 성령님께서 주신 것이었어요. 그 기쁨 때문에 계속 교도소 선교만 생각하고 있을 때 주님께서 교도소 밖에 있는 영적인 지도자들을 도우라고 하셔서 이렇게 주님을 따라가고 있잖아요. 주님께서 주신 모든 것들을 최대한으로 사용해서 당신께 순종하여 다른 사람들과 나눌 수 있도록 해 주세요. 저를 주님의 나라를 위해서 최대한으로 사용해 주시기를 위해서 기도합니다."

"나의 사랑하는 딸아, 내가 영적인 지도자들에게서 원하는 것이 있어. 그들이 나에게 와서 기도를 하고 나와 깊은 사랑의 관계를 가지기 원해. 네가 그것을 격려하라. 내가 너의 기도를 응답하기 위해서 이것들을 가르치고 있단다. 수많은 잃어버린 양들이 고통속

에서 살고 있다. 너는 나와 같이 있으니 안전하나 많은 사람들이 나를 모르고 있다. 이제 잃어버린 양을 찾으러 나갈 때다. 너에게 보여줄 것이 있다. 이제 이곳에서 떠날 때가 되었다."

소녀는 예수님의 손을 잡고 그 큰집을 나와서 동네를 떠났다.

21. 얼음판의 낚시

예수님과 걷는 길이 점점 추워지기 시작했다. 눈이 펑펑 내리기 시작하더니 얼마 안있다가 모든 세상이 흰 옷으로 갈아입은 것 같았다. 예수님은 그녀에게 코트와 이불까지 주시고 얼어붙은 호수에서 구멍을 뚫고 낚시질을 하셨다. 오랫동안 그 곳은 침묵뿐이었다. 소녀는 이불로 자신을 감싸고 예수님을 바라보았다. 예수님은 계속 기다리시는데 고기가 하나도 잡히지 않는 것이었다. 소녀는 의아했다. 성경말씀에서 예수님은 제자들에게 사람을 낚는 어부가 되게 해주신다고 따라오라고 하셨다. 그런데 왜 예수님은 그녀에게 사람을 낚는 것을 가르쳐주시지 않고 자신이 낚시질을 하실까? 또 제자들이 고기를 하나도 잡지 못했을 때 예수님께서 그들에게 고기를 잡게 하셨다는 이야기를 읽었기 때문이다. 참다 못한 소녀는 말했다.

"예수님, 저에게 무엇을 가르쳐 주시려고 하시는지요. 여기서 오랫동안 고기를 못잡고 기다리셨잖아요."

 "나의 사랑하는 딸아, 많은 나의 일꾼들이 고기를 잡지 못하고 있어. 나를 위해서 낚시질을 한다고 하면서 말이야. 나는 그들의 어려움을 알고 있지. 그들은 열심히 나를 위해서 일을 하고 있다고 생각해. 나의 일꾼들은 나의 음성을 듣고 내가 가라고 한 곳에서 고기를 잡아야 하는데 듣지 않고 있어. 그래서 많은 배고픈 사람들이 길에서 죽어가고 있어. 내 일꾼들이 그

들을 도와주어야 하는데 교회 안에서 배불리 먹고만 있구나. 아까도 말했지만 옷이 초라하고 어딜가도 환영받을 수 없다고 생각하는 이들은 교회에 올 엄두를 못내고 있단다. 나는 네가 그런 이들에게 복음을 전하기를 원한다."

소녀는 울었다. "예수님, 용서하세요. 저는 다른 사람들에게 사랑과 인정을 받는 것에 더 초점을 둔 나머지 정작 예수님의 사랑과 인정이 필요한 사람들을 도와주지 못했어요."

"나의 사랑하는 아이야, 나를 위해서 일하는 사람들이 있지만 아직도 부족해. 많은 사람들이 내 사랑을 받을만한 자격도 없다고 생각하고 있다. 교회밖에 나가서 나의 사랑을 나누어 주는 사람들이 더 필요해."

"제가 저의 평안만을 생각하고 주님의 도움이 필요한 사람들을 도와주지 못한 것을 용서하세요. 또 그런 사람들을 위해서 애쓰고 도와주는 사람들을 위해서 기도하지 못한 것을 용서해 주세요."

"나의 사랑하는 딸아, 내가 너를 용서한다."

"추수할 곡식은 많은데 일꾼이 적다고 하신 말씀을 이해하겠어요. 제가 당신을 위한 이 추수에서 최대한 쓰임 받기를 원합니다."

"너는 가서 영적 지도자들에게 알려라. 광야에서 굶주림에 울부짖는 양들이 너무 많아. 주린배를 움켜쥐고 쓰러지면 늑대에게 공격당하고 말지. 물고기가 없는 곳에서 낚시질을 하며 실망하는 내 일꾼들에게 전해주어라. 그 곳은 많은 일꾼들이 물고기가 없는 데서 낚시질을 하고 실망하고 있어. 그 자리는 내가 원하는 곳이 아니라고. 지금은 길에 나가서 오갈데 없는 사람들을 도와줘야 할 때라고 알려주어라."

"예수님, 당신이 저에게 하기 원하시는 것을 할 수 있도록 도와 주세요."

"나의 사랑하는 딸아, 나는 네가 나와 같이 많은 시간을 보내기 원한다. 그래서 내 음성을 듣고 고기가 있는 곳에서 낚시를 해야 하는 것을 배우기 원한단다. 그렇게 하면 네가 사람을 낚는 어부가 될거야. 네가 고기가 없는데서 낚시질을 하게되면 곧 알게 될거야. 그 때는 내가 가라는데로 네 자리를 옮겨야 된다."

"저의 길을 인도해 주세요. 그래서 잃어버린 양들을 찾아서 도와줄 수 있도록 해주세요. 제가 영적인 지도자들을 많이 도울 수 있도록 문을 열어주세요. 그래서 그들이 많은 잃어버린 양들을 주님의 성전으로 데려올 수 있도록 인도해 주세요."

"이제 시간이 거의 다 되어간다. 추수할 곡식이 많단다. 눈물로서 나에게 기도하는 사람들이 있는 곳이 바로 그런 곳이다. 이제부터 나의 음성에 더욱 더 귀 기울여라. 그래야 성령의 음성을 듣고 어디에서 이 사람들을 구해야 하는지 알게 된다. 네가 듣지 아니하면 잃어버린 양들을 내게로 돌아오게 할 수 있는 기회를 놓치게 된다. 침묵기도는 이것을 돕는 문을 열어 주는 수단이다. 시간이 많지 않다. 대부분의 사람들은 자신들이 유한한 존재임을 인지하지 못하며 살아가고 있다. 나의 음성을 듣고 순종하는 자녀들은 축복을 받은 자들이다. 네가 사람들에게 영적인 지도자들을 위해서 더 기도하라고 격려를 하라. 지도자들에게는 믿음과 지혜, 성령의 능력과 용기가 필요해. 그것이 없는 사람들은 결국 실패하고 떠나버리게 된다. 나는 네가 그런 사람이 되기를 원치 않아. 너에게 침묵기도를 하라고 한 것도 이런 기회를 놓치지 않게 하려고 한 것이란다. 자, 가자. 다른 곳을 보여줄 데가 있다."

주님을 따라서 그 추운 호숫가를 떠나며 소녀는 주님을 위해서 찬양을 불렀다.

"주님, 항상 당신의 사랑의 음성을 듣기 원합니다. 당신의 마음을 알게 해주세요. 당신을 기쁨으로 따라가게 해 주세요. 당신이 사랑하는 사람들을 사랑하게 해 주세요. 당신은 저에게 가장 소중한 분이니까요. 주님께 순종하게 하세요. 그래서 이 마지막 추수에 참여하게 도와 주세요. 저에게 잃어버린 양들이 어디에 있는지 알려주세요. 그래서 당신이 원하시는 곳에서 일하게 하세요. 당신의 사랑과 자비에 대해서 더 알게 해 주세요. 저에게 성령의 기름부음이 있게 도와주세요. 그래서 당신의 뜻이 저의 삶에서 이루어 지기를 원합니다."

소녀는 주님을 위해서 춤을 추기 시작했다. 주님도 그녀와 함께 춤을 추셨다. 해가 떠 올랐고 따뜻한 햇빛을 느끼면서 소녀는 주님의 사랑의 눈을 바라보며 미소를 지었다. 예수님과 걷는 길은 충만한 기쁨과 행복의 길인 것이다.

22. 평화

예수님과 함께 걷는 동안 시간이 흐를수록 많은 사람들이 같이 걷게 되었다. 알고보니 그들은 예수님과 소녀의 가까운 가족들이었다. 한 영적인 지도자가 젊은 청년을 멘토링하고 있었는데 가벼운 말다툼을 하는가 싶더니 갑자기 지도자가 청년을 덮치면서 몸싸움이 벌어졌다. 혈기왕성한 청년이 지도자를 땅에 쓰러뜨렸고 넘어진 그는 꼼짝도 않고 누워있었다. 순식간에 벌어진 일이라 주변에 도움을 청해보았지만 그 많던 사람들은 어디론가 사라지고 그녀와 지도자만 남았다. 혹시 죽은 것은 아닌지 걱정된 소녀는 얼굴을 조심스럽게 만져보니 다행히 따스한 온기가 남아있었다. 잠시 후 그 남자는 툭툭 털고 일어나서 말했다. "아, 오른팔이 너무 아픈데. 꼭 부러진 것 같아."

소녀는 슬펐다. 가족이 서로 사랑으로써 대하지 않고 싸워야 했을까? 말다툼이 있었어도 지도자가 젊은 남자를 공격했다는 것은 큰 잘못이었다. 소녀는 너무 큰 실망을 했다. 그래서 예수님께 여쭈어 보았다.

"예수님, 왜 이런 일이 일어났어요? 이 지도자가 젊은 사람을 돕는 사람인데 싸움이 일어나니까 둘이서 꼭 적하고 싸우는 것 같이 싸웠어요. 누구한테 말해야 좋을지 모르겠어요. 우리 가족이 많았는데 싸움이 일어나자마자 모든 사람들이 다 도망가버렸어요. 그래서 아무도 도울 수 없었어요."

예수님의 얼굴은 슬픔으로 가득찼다. "나의 사랑하는 딸아, 네가 본 것은 영적인 싸움이란다. 나의 많은 일꾼들이 문제가 생겼을 때 나에게 와서 물어보지 않고 자기들끼리 해결하려고 했기 때문에 서로에게 상처를 주고 더 문제가 커진단다. 그것이 곧 사탄이 원하는 것이야. 마귀는 사람들이 싸우고 서로 상처주며 용서하지 못할 때 손뼉을 치며 기뻐한다. 분쟁이 생기면 문제해결을 위해 시간을 낭비하느라 내가 원하는 것을 할 수 없게 되니까. 서로 용서하고 회개하며 나에게 나오기까지는 분노의 마귀에게 붙들려있는 것이다. 그렇게 되면 나의 자녀들은 능력을 잃은채 복음을 뿌리지 못하고 길 잃은 양들을 인도할 수 없게 되는거야. 심지어 교회 안에서도 마귀의 영적인 싸움에 휘말려서 서로 할퀴고 있다. 서로 인정과 사랑을 받지 못한 것에 매달려서 사역은 뒤로하고 분노와 투쟁으로 해결하려고 한다. 그들이 기도와 용서로써 해결을 못할 때 나의 일을 할 수 가 없을 뿐 아니라 그런 행동이 오히려 다른 사람들의 영적 성장에 방해가 된단다."

"주님, 저도 제게 잘못한 사람에게 똑같은 방법으로 대우한 적이 있어요. 주님께 묻지 못한 저를 용서하세요. 앞으로는 문제가 있을 때 기도로 지혜를 구할 수 있도록 도와주세요."

 "내가 너를 용서한다. 문제가 생길 때 내게 와서 물어보고 나와 시간을 보낸다면 더 많은 것을 이해 할 수 있고 사랑으로써 모든 것을 평화롭게 해결할 수 있어. 나는 상처주고 폭행, 살인하는 것을 아주 싫어한다. 그것은 마귀에게 영적인 감옥에 더 많은 영혼을 집어넣게 하는 빌미를 제공하는 일이야. 그러니 다른 이들에게 상처를 준 것이 있다면 회개해야 마음의 평안을 얻을 수 있단다. 내가 찾고 있는 사람은 다른 이들을 폭력에서 구하는 사람들인데 그 자신이 먼저 분노와 폭력으로부터 자유로워져야 다른 사람들에게 나의 사랑을 가르칠 수가 있어. 왜냐하면 나의 일꾼들로 인해 다른 사람들이 실망과 낙망을 하고 나를 떠나가는 사람이 생기기 때문이다."

"주님, 왜 당신의 사랑과 자비를 베푸는 것이 이렇게 어려울까요? 서로 마음을 나누면 평화가 있을텐데 왜 이 세상은 전쟁과 살상이 그치지 않을까요?"

"나의 사랑하는 딸아, 자기 자신의 권력과 욕심을 채우는 것만 생각하기 때문이다. 모든 자기들의 수고와 노력을 거지깡통을 채우는데 급급하고 있어. 나의 사랑과 인정이 필요한 마음의 깡통을 채워야 한다는 것을 모르고 있다. 나의 심판은 다른 사람들에게 폭력을 행사하고 상처를 주는 이에게 임할 것이다. 그러므로 사람들이 나를 알아야해. 겸손과 온유를 배워서 세계에 나의 평화를 심어야 한단다."

"제가 어떻게 당신이 원하시는 세계의 평화를 만들 수 있을까요?"

"사랑하는 딸아, 복음을 전하라. 사람들이 나의 사랑을 알게 되면 자기들의 이기적인 욕심만 생각하던 것에서 의로운 삶을 살려고 노력하는 것으로 변화된다. 또 다른 사람들을 사랑하게 되고 도우려는 마음이 생기게 된단다. 나의 사랑만이 세계의 평화를 만들어

낼 수 있단다."

"예수님, 저는 주님의 사랑의 복음을 세계에 전파하여 평화를 만들고 싶습니다."

"나를 계속 따라오면서 나의 사랑에 대해서 배워라. 그러면 네 마음에 평안이 있을 것이다. 먼저 네 마음에 나의 평안이 있어야 다른 사람들이 나를 통해서 평안을 얻을 수 있는 것을 가르칠 수 있어. 나의 평안을 가진자만이 평화를 추구하게 된단다. 그래서 다른 사람들에게 내가 그들을 사랑한다고 말해라. 지금까지 해온 것처럼 너의 책을 통해서 그것을 더욱 전파하도록 내가 도와 주겠다. 가난한 자들을 위해서 복음을 뿌리는 일을 계속하라. 책을 살 수도 없을만큼 가난한 이들을 위해 책을 보급하고 복음의 씨를 뿌려라."

"당신이 원하는 것을 할 수 있도록 많은 영적인 지도자들과 후원자들과 일할 수 있도록 도와주세요."

"나의 딸아, 내가 너를 도와 주겠다. 지금도 많은 나의 일꾼들이 정글과 위험한 곳에서 복음을 전하고 있는 사람들이 있다. 이런 나의 일꾼들이 복음을 전하지 않으면 구원받지 못할 사람이 많단다. 그러니 이런 사람들을 위해서 기도하고 격려하는 일을 하라."

"주님, 제가 이 세상에서 정말 어렵고 가난하고 고통 속에 있는 사람들이 주님앞으로 돌아오게 하도록 도와주세요. 그래서 그들이 당신의 사랑을 알게되고 또 그들이 당신을 사랑할 수 있게 도와주세요. 또 주님의 복음을 전파하기 위해서 목숨을 내놓고 일하고 있는 사람들을 위해서 기도합니다. 그들을 어려운 상황에서 지켜주시고 천사들을 보내사 도와주시고 보호해 주세요. 주님을 몰라서 폭력으로써 문제를 해결하려고 하는 사람들을 불쌍히 여기시고 회개할 수 있게 도와주세요. 제가 죄를 지을 때 알려주시기를 원합니다. 그래서 제가 회개하고 주님의 사랑을 나눌 수 있게 도와주세요. 분노와 폭력으로 마귀의 감옥에 갇혀 있는 사람들이 회개할 수 있도록 도와주세요. 그래서 마귀의 손아귀로부터 벗어나 주님의 사랑을 전파하는 사람들로 만들어 주세요. 욕심과 권력을 얻기 위해서 폭력과 전쟁을 일으키는 지도자들을 회개시켜주세요. 당신의 사랑의 씨가 많은 곳에 뿌려질 수 있도록 도와주세요."

예수님은 말씀하셨다. "그래, 네가 계속 기도하려므나. 그래서 어려운 사람들이 도움을 받고 선한 싸움을 계속 싸워야 한다."

"제가 주님을 위해서 선한 싸움을 싸우기를 원합니다. 주님의 사랑과 능력으로 승리하게 해 주세요."

"나의 사랑하는 딸아, 나는 이미 세상을 이겼노라. 사람들이 그것을 알고 나를 믿고 의지하면 그들도 승리할 수 있단다. 나를 믿고 의지하지 않으면 마귀에게 고통을 당하게 된다. 그러니 계속 사람들에게 복음을 전하라. 내가 또 너에게 보여줄 것이 있다."

주님의 사랑과 능력은 정말 놀라웠다. 불안과 두려움으로 고통 속에서 살았던 그녀가 주님을 만나고 용서받은 후 전에 알지 못하던 마음의 평안이 왔다. 주님과 걷는 길은 평안의 길이라는 것을 기억하면서 그녀의 마음은 감사로 차올랐다.

"당신께서 저에게 주신 모든 사랑과 마음의 평안을 감사드립니다. 당신 말씀이 맞아요. 당신께서 이미 승리를 하셨으니 저도 주님만 쫓아가면 모든 일에 승리하리라고 믿습니다."

"나의 사랑하는 딸아, 네가 나의 마음을 조금씩 더 이해하고 있는 것이 나를 기쁘게 한다. 계속 나에 대해서 다른 사람들에게 알려라."

"예수님, 당신께서 원하시는 것을 할 수 있도록 도와주세요."

"내가 너를 도와주겠다. 그러나 네가 나의 음성을 듣지 않고 순종하지 않으면 내가 너에게 원하는 것을 할 수 없으니, 계속 나를 따라와라."

23. 빨래줄

예수님께서 이번에 소녀를 데려간 곳은 빨래터였다. 그 곳에서 그녀는 자기의 바지가 깨끗이 세탁되어 걸려있는 것을 보았다.

"나의 사랑하는 딸아, 내가 너의 마음을 정결케 하기위해 청소를 시작했단다. 미래의 계획이 담긴 돌을 나에게 준 그 때부터 시작할 수 가 있었지."

"주님, 알아듣기 쉽게 설명해주세요."

"그래, 네 생각에 옳다고 판단한 것을 실천에 옮기려하면 내 뜻과는 관계없이 무조건 밀어부치려는 경향이 있어. 이것이 나를 따르는 나의 일꾼들의 문제란다. 나를 어떻게 섬길 것인지 내게 묻지않고 자기들 맘대로 결정한 후 본인들이 원하는대로 추진해나간다. 입으로는 나를 섬긴다고 하지만 자기를 섬기는 이들이 많이 있다."

"바로 제 이야기에요. 처음에 저에게 사역을 하라고 말씀하셨을 때 전혀 순종하고 싶지 않았지만 주님이 제 마음을 바꿔주신 후에 일을 시작했지요. 그렇지만 제멋대로 계획을 세우고 일했던 것을 용서해주세요. 오랜시간 당신의 음성에 귀 기울이지 않았어요. 제 자신의 평안이 더 중요했거든요."

"내가 너를 용서한다. 지금이라도 나를 따라와서 내가 원하는 것을 하기를 원한다. 시간이 많지 않기 때문이다. 따라오너라."

24. 잔치

주님과 도착한 곳에는 큰 잔치가 열리고 있었다. 예수님은 여러 가지 음식이 있는 상으로 소녀를 데려가셨다.

"나의 사랑하는 딸아, 나의 잔치에 참여해라. 너를 위해서 만들어 놓은 것이란다."

그 때까지 소녀는 자기가 얼마나 배가 고픈지 알지 못했지만 그 자리에 앉아서 맛있는 음식을 먹기 시작했다. 주님의 은혜였다.

예수님은 미소를 지으며 소녀가 먹는 모습을 지켜보셨다. "나의 말에 순종하여 침묵기도를 시작한 후 내가 하는 사랑의 말을 듣고 너는 새 힘을 얻었지. 침묵기도는 사람들에게 치유를 가져온단다. 나에게 와서 기도하며 음성을 듣는 사람들은 나의 사랑의 말을 듣게되고 그것이 곧 내가 원하는 것이야. 마귀는 사람들에게 잘못된 말과 상처주는 말을 하지만 나는 사람들을 치유해 주는 사랑의 말을 하기 때문이다. 다른 사람들에게 네가 다 죽어가는 상태에서 내가 어떻게 너에게 음식을 주고 힘을 주며 너를 일으켰는가를 전해라. 그래서 그들도 나의 잔치에 와서 먹고 힘을 얻게 하라."

"침묵기도를 하라고 저를 불러주셔서 감사합니다. 당신 외에는 저에게 힘을 줄 사람이 없다는 사실을 배웠어요. 사람들의 사랑과 인정은 언제나 조건이 붙고 제가 그들이 원하는만큼 사랑과 인정을 해주지 않으면 나에게 실망을 해요."

"사랑하는 딸아, 이제서야 내가 보는 것을 너도 보게 되었구나. 지금부터는 나보다 말을 많이 하는 사람과 나보다 더 가까운 사람을 두지말도록 노력하라. 너의 촛점과 관심을 나에게 맞추어라. 그들의 요구는 끝없이 이어지며 구멍난 거지깡통은 너를 통해 채워지지 않을 것이다. 앞으로 너의 계획은 내가 세워줄테니 순종하기 원한다. 네가 해야 할 일은 너의 사랑과 인정을 원하는 사람들에게 나를 찾으라고 말해 주는 것이다. 나를 간절히 찾는 자가 나를 만날 것이다. 그럴 때 그들이 나의 잔치에 참석하여 나와 더불어 먹게 될 거야. 그렇게 되면 더 이상 다른 사람들의 사랑과 인

정을 받으려고 할 필요가 없어. 성령의 음성을 듣고 나에게 와서 침묵기도를 하고 나의 사랑을 받고 힘을 얻게 될거야. 내 앞에서 기다리는 사람들이 내 음성을 듣게되지. 내가 너를 높은 산 위에 올려놓을 것이고 이것을 말하게 할 것이다. 이미 너의 책들을 통해 그 일을 하고 있단다."

"주님, 저는 항상 당신이 필요해요. 그저 같이 걷기만해도 행복해요. 당신이 원하실 때 말씀을 하실테니까요."

"내가 너에게 원하는 것은 침묵기도를 하고 나의 음성을 듣는 것이다. 그럴 때 너가 너 자신을 돌보고 또 네가 다른 사람들을 돌볼 수 있다."

"이제 조금 이해가 되었어요. 저는 당신없이는 아무 것도 할 수 없어요."

"나의 사랑하는 딸아, 너가 할 수 있는 일이 있기도 하지만 네 뜻대로 하는 것은 별로 효과적이 아니야. 나를 따라와서 잃어버린 양을 찾는 일을 해야해." 예수님은 큰 산을 가리키며 말씀하셨다. "저 산너머에 큰 마을이 있어. 이 산을 지나야만 내가 너에게 또 가르쳐 줄 것이 있어. 나를 따라와라."

예수님은 춤을 추며 그녀를 이끄셨다. 소녀도 예수님의 춤을 따라서 추기 시작했다. 밝은 햇살이 내리쬐고 새들은 지저귀며 그 뒤를 따라갔다.

"나의 사랑하는 아이야, 나를 따라오너라. 내가 너를 사람 낚는 어부가 되게 하리라. 그들은 나의 잃어버린 양이란다. 빨리 가자. 시간이 얼마 남지 않았다. 늑대가 그들을 먼저 찾기 전에 잃어버린 양들을 구해야 한다."

25. 여행가방

예수님은 소녀를 한 동네로 데려가셨다. 그들은 여행가방을 들고 걸어가고 있었다. 그들 중에 소녀의 어머니가 보였고 본인이 갖고 가던 여러 개의 여행가방을 소녀에게 건네주더니 어디론가 가려 하셨다. 그런데 어머니는 몹시 아파서 남동생의 부축에도 일어나지 못하고 계셨다. 3년전 중풍을 앓으며 언어장애도

왔으나 하나님이 치유해주셨는데 그 후로 누군가 항상 본인을 위해서 기도해주었으면 좋겠다고 말씀하셨었다. 언제나 남을 위해 기도하시던 분이었는데도 말이다.

소녀는 어머니가 준 여행가방을 보며 스트레스가 쌓였다. 그 많은 가방들은 점점 더 커지기 시작하더니 이제는 산더미처럼 앞을 막고 있었다. 소녀는 한숨을 쉬면서 예수님께 여쭈어 보았다.

"예수님, 제가 왜 엄마의 여행가방을 가져가야 되나요. 점점 커져서 산처럼 느껴져요. 주님과 같이 걸으려면 이 산이 없어야 하는데 주님을 따라 갈 수가 없어요. 제 힘으론 불가능해요."

"사랑하는 딸아, 너의 어머니가 육신과 마음이 약해져서 여태까지 들고 가던 여행백들을 들고갈 수가 없게 되었단다. 이제 네가 더 기도할 시간이다. 그래서 지금 네 눈앞의 산들을 기도로 옮기는 일을 시작해야 한다. 물론 너 혼자 할 수 없지. 다른 사람들에게 너를 도와달라고 해야 한단다. 내가 너에게 원하는 것 중의 하나도 네가 기도하는 것은 물론 다른 사람들에게도 기도를 권면하는 것이다. 그래서 그들도 자기들 앞에 있는 산들을 기도로써 옮길 수 있는 나의 일꾼들이 되기를 원한단다."

"이 여행가방에는 무엇이 들어있나요?"

"이 안에 들어 있는 것은 너의 엄마가 하던 기도의 제목들이란다. 엄마는 기도로써 많은 산들을 옮겼지.

그러나 지금은 너무 약해져서 그것들을 할 수 가 없단다. 엄마로부터 받은 가방은 엄밀히 말하자면 너의 짐들이었어. 네가 기도해야 할 것을 엄마가 너와 너의 사역을 위해서 기도했던 것이다. 나를 위해서 일을 하는 사람들은 기도가 많이 필요해. 그러지 않고는 그 일을 할 수 가 없어. 영적인 싸움은 반드시 기도가 살

길이다. 지금까지 엄마가 너를 위해 해왔던 그 기도와 더불어 엄마를 위해 기도해라. 이제는 네가 기도할 때다. 그래서 기도로써 네 앞에 있는 산들을 옮기고 또 다른 사람들의 산들을 기도로써 옮겨줄 수 있어. 특별히 영적인 지도자들을 위해서 기도하라. 다른 사람들에게 영적인 지도자들이 선한 싸움을 잘하도록 기도하라고 격려하라."

"예수님, 제가 요즘에 영적으로 약해 졌다고 느껴졌던 것이 저의 어머니께서 저를 위해서 기도를 못해 줘서 그런 건가요?"

"사랑하는 딸아, 이제서야 기도의 능력을 이해하기 시작했구나. 네가 오랫동안 사역을 하면서 너의 어머니의 기도로 힘을 얻었단다. 이제는 너의 엄마가 너를 위해 기도로 힘을 주기가 힘들어 졌어. 왜냐하면 너의 엄마가 기도가 필요한 때가 되었기 때문이지."

"주님, 죄송합니다. 제가 엄마를 위해 기도하지 못했고 또 다른 영적인 지도자들을 위해서도 기도가 부족했던 것을 용서하세요. 사방에 기도의 빚을 졌어요. 이제는 엄마와 다른 사람들을 위해서 기도할 수 있도록 도와주세요. 어떻게 이 높은 산을 옮길 수 있을까요?"

"성령께서 너를 도울 것이다. 기도하는 사람들은 산도 옮길 수 있단다. 성령께서 너를 도와 줄 수 있는 사람들을 보내 줄 것이다."

"당신께서 저를 도와 줄 수 있는 사람들을 보내주

실 건가요?"

"물론이지. 내가 너를 도울 많은 사람들을 보낼 것이다. 그것 또한 엄마의 기도제목이었다. 내가 너의 엄마기도에 응답할 것이다."

소녀는 엄마의 기도로 사역에 힘을 얻고 일을 했었다는 것과 또 주님께서 엄마의 기도에 응답하기 위해서 그녀를 도와주신다는 말씀에 감격하여 눈물을 흘렸다. "예수님, 저에게 기도하는 어머니를 주신 것에 감사합니다. 엄마가 가족을 위해서 밤낮으로 기도하셨는데 이제는 힘들어서 하지 못하는 것을 제가 할 수 있도록 도와주세요. 또 영적인 지도자들을 위해서 기도하게 도와주세요. 제가 혼자 할 수가 없네요."

"사랑하는 딸아, 네가 이제 내 마음을 조금씩 더 이해하기 시작했단다. 너의 엄마의 나에 대한 사랑과 신실함은 내가 알고 있고 축복할 것이다. 너의 엄마가 너의 머리에 화관을 씌어주었지."

"예수님, 무슨 말씀이세요?"

"너의 엄마가 많은 시간을 희생해 가면서 너와 너의 사역을 위해서 기도했단다. 그 많은 사역의 기회와 열매는 엄마기도의 덕분이었다."

"예수님, 감사합니다. 제가 충분히 이해할 수 있도록 도와주셔서 감사합니다. 엄마가 기도하고 있다는 것을 알면서도 여기까지는 생각하지 못했어요. 다른 사람들을 위해서 기도하는 것이 얼마나 중요한지, 특히 영적인 지도자들을 위해 많은 기도가 필요하다는 것을 깨닫게 해주셔서 감사합니다. 그들이 주님원하시는 것을 할 수 있도록 제가 더욱 더 기도에 힘쓸 수 있도록 도와주시고 저를 위해 기도해 주고 있는 다른 사람들을 축복해 주세요."

"나의 사랑하는 딸아, 너의 짐은 가볍단다. 나에게 올 때 겸손을 배우게 되고 바로 그 때 너의 짐이 가벼워지지. 나는 기도를 통해서 너의 모든 짐들을 옮길 수 있어."

"예수님, 감사합니다. 이제 저의 짐을 모두 주님앞에 내려놓습니다. 침묵기도로 저를 불러주셔서 제가 원하는 것 대신 당신의 음성을 듣고 왜 기도해야 하는지 알려주셔서 감사합니다. 기도에 소홀했던 저를 용서하시고 영육간에 강건한 사람이 되도록 도와주세요. 저의 어머니와 정신적, 육체적 고통에 빠져있는 사람들을 치유해주시고 도와주세요. 이 땅에 천군천사를 보내시어 절망과 아픔에 신음하는 이들을 구원해주시고 신의 천사들을 온 세계에 보내서 어려움을 당하고 고통 속에 있는 사람들을 구원해 주시고 도와주세요. 당신의 힘이 필요해요. 저와 함께 기도와 사역을 할 수 있는 많은 동역자들을 보내주시고 당신이 원하는 것을 할 수 있도록 성령님께서 저를 인도해 주시기를 원합니다. 주님의 일꾼들에게 무엇보다도 먼저 주님을 간절히 찾을 수 있는 마음을 주셔서 당신을 만나고 당신이 공급해주시는 사랑과 능력으로써 사역을 할 수 있도록 도와주세요. 언제나 하나님의 말씀과 성령님께 순종하는 삶이 되어서 어둠에 빛을 비추고 잃어버린 양들이 주님께 돌아올 수 있도록 도와 주세요. 제가 당신의 음성을 듣고 사랑과 치유를 경험하기 원합니다."

"나의 사랑하는 딸아, 네가 기도하는 것이 정말 향기로운 꽃같이 느껴지는구나."

주님은 미소지으며 행복해 하셨다. 소녀는 주님을 찬양하며 춤을 추기 시작했다.

"주님, 당신을 사랑합니다. 기도의 중요성을 깨닫게 해주셔서 감사합니다. 저를 불러주시고 주님과 동행하도록 인도해 주심을 감사드립니다."

새들도 함께 노래하기 시작했다. 그녀가 잠시 춤을 멈추고 주님의 미소를 바라본 순간 상상치 못했던 놀라운 일이 벌어졌다. 산더미처럼 쌓여있던 그녀앞의 여행가방이 다 사라진 것이다. 그녀는 너무 기쁜 나머지 껑충껑충 뛰면서 말했다.

"예수님, 그 많던 여행가방들이 다 사라졌어요!"

"나의 사랑하는 딸아, 계속 기도하라. 그러면 너의 산들이 다 평탄한 길이 될 것이다. 성령께서 모든 산들을 옮겨줄 것이다. 기도는 너의 마음의 짐을 덜어주고 기적을 볼 수 있게 한단다. 성령께서 너를 위해 기도하는 사람들을 계속 보내줄 것이다. 그들은 너와 함께 기도할 것이며 산을 옮기고 기적을 보게 될 것이다. 그리하여 너는 내가 원하는 일을 하게 될 것이다."

"감사합니다. 저와 많은 사람들의 기도를 도와주실

것을 미리 감사합니다."

"나의 사랑하는 딸아, 이제 잃어버린 양을 찾으러 갈 때다. 내가 너와 함께 갈 것이며 내가 너를 도와줄 것이다. 나는 그 양들이 어디에 있는지 알고 있다. 그러므로 너는 나를 따라와야 한다."

소녀는 예수님을 따라가며 노래를 부르기 시작했다. "예수님, 당신의 사랑과 능력은 정말 위대하세요. 이 세상 어디에도 존재하지 않는 놀라운 오직 한 분이세요. 제가 잃어버린 양을 찾도록 도와주실 것을 저는 믿어요."

숲을 지나가는 동안 새들도 그녀와 같이 예수님을 찬양했다. 예수님은 기쁨가득찬 행복한 얼굴이셨다. 영광의 주님을 직접 느끼고 경험하는 이 길은 그 무엇과도 바꿀 수 없는 기쁨의 길이란 것을 소녀는 이제 알게된 것이다.

26. 추운 겨울

예수님과 소녀는 조용히 말없이 걸었다. 눈이 내리기 시작했고 앞의 산에 나무들과 길이 보이기 어려울 정도로 눈이 펑펑 쏟아지기 시작했다. 한남자가 앞에서 빨리 걸으면서 말했다. "구조원들이 오고 있어요. 여기는 눈이 너무 많이 오고 추어서 위험한 곳이에요." 그 남자는 눈속으로 사라져 버렸다.

소녀는 뒤를 돌아다 보니 한 노란 오토바이 헬멧이 땅바닥에 떨어져 있는 것을 보았다. 그리고 자기의 여동생이 땅에 누워있는 것을 보았다. 소녀가 달려가서 여동생의 몸이 얼어서 숨도 안쉬는 뻣뻣한 죽은 몸을 안고 놀라서 정신없이 어쩔줄을 몰라 몸을 주무르면서 깨어나라고 소리를 질렀다. 여동생은 차츰 몸이 따스해지더니 숨을 쉬기 시작했다. 그때 구조원들이 와서 큰 네모난 썰매에 여동생을 넣었는데 그때는 그녀가 완전히 회복이 되어서 썰매에서 걸어 나와서 소녀에게 감사하다는 얼굴로 꼭 껴안았고 다시 썰매로 돌아갔다.

예수님은 말씀하셨다. "나의 사랑하는 딸아, 네가 너의 여동생같이 추운데서 나의 사랑을 모르고 죽어가고 있었단다. 그런데 나의 사랑이 너의 얼은 마음을 녹여서 생명을 주었다. 너의 침묵기도가 나의 사랑의 따뜻함을 느끼는 것이란다."

"주님, 제가 본 여동생이 저였군요. 당신이 없이는 저의 삶은 아무런 의미도 없고 생명이 없어요."

"나의 사랑하는 아이야, 그래서 사람들이 나의 생명의 사랑의 복음을 들어야 한다는 것이란다. 복음을 전파하라. 너의 삶을 어느 다른 것에라도 낭비하지마라. 사람들이 나의 사랑의 메시지를 들어야 한다. 내가 그들을 사랑한다는 것을 들어야 한다. 너의 할일은 내가 가라는데로 가고 내가 하라는 말을 하는 거다. 내가 너에게 할말은 줄 테니 아무 걱정을 하지 않아도 된다."

"주님, 어떻게 다른 사람들에게 당신의 사랑을 잘 알릴 수 있어요?"

"네가 침묵기도를 시작한 후 기도로서 그일을 더 하고 있단다. 다른 사람들로 인해서 방해받지 않도록 주의하라. 그렇게 되면 네가 해야 할 일을 잊어버리게 된단다. 계속 기도하라. 나를 따라와라. 아버지께 기도로 더 많은 일꾼들을 보내달라고 기도하라. 추수할 곡식이 많은데 일꾼이 적구나. 나의 일꾼들이 같이 마음이 연합되어서 일을 해야 한단다. 내가 너에게 하는 말을 다른 사람들과 나누어라. 나의 생명의 말씀을 듣지 않는 사람들에게 시간을 주지말고 성령의 음성을 따라라. 그렇게 하면 네가 나의 원하는 것을 할 수 있다."

"당신의 음성을 항상 듣게 해주시고 다른 사람들이 무어라고 하든 용기를 가지고 당신의 사랑의 말씀을 전하게 도와주세요. 주님을 위해서 일할 수 있는 일꾼들을 많이 보내주세요. 당신을 위해서 일하는 사람들과 일을 하여 저의 삶은 오직 주님의 위해서 사용되기를 원합니다. 당신과 계속 걸으면서 음성을 듣기를 원합니다. 침묵기도를 하도록 불러주셔서 저를 치유해 주셔서 감사합니다."

소녀는 예수님을 위해서 춤을 추며 노래를 부르기 시작했다. 예수님은 웃으셨다. "나의 아이야, 잃어버린 양을 찾으러 나갈 때이다. 그들의 고통의 소리를 내가 듣고 있다. 내가 그들을 치유하고 보호하기를 원한단다."

"예수님, 당신은 정말 누구보다도 사랑이 많고 아름다운 마음을 가지신 분이셔요. 당신의 사랑을 더 이해하기 원합니다. 나의 주님에 대한 사랑이 당신의 정원에 피는 아름다운 꽃과 같이 되게 해주세요."

27. 사랑

눈으로 덮인 산을 지나자 푸른 하늘과 함께 노란 꽃으로 만발한 곳이 눈에 나타났다. 소녀는 꽃밭으로 뛰어갔다.

"주님, 이곳이 전에 제가 있었던 아름다운 꽃밭인 것 같아요."

"나의 사랑하는 딸아, 네가 전에 있었던 곳에 돌아온 것이란다. 여기서 우리가 점심을 먹고 쉬어가자구나."

예수님은 그녀에게 빵과 주스를 주셨고 소녀는 그것을 받아 먹고는 곧장 꽃밭으로 달려가서 민들레 씨를 호호 불면서 공중에 날라가는 것을 보며 즐겼다.

"예수님, 이 아름다운 곳에 다시 데려오셔서 감사합니다. 그러나 이 아름다움에 취해서 주님을 잊어버리는 일이 절대로 없게 도와주세요. 저의 침묵기도를 통해서 주님의 마음을 더 알게 해주세요. 그래서 다음에 주님이 가자고 하는 곳이 있을 때 기쁨으로 가게 도와주세요." 소녀는 노래를 불렀다. "예수님, 당신을 사랑합니다. 당신보다 더 중요한 분이 저의 삶에서 없어요."

예수님도 미소를 지으면서 말씀하셨다. "나의 사랑하는 딸아, 내가 너를 나의 목숨보다도 더 사랑한다."

"꽃들에게 무어라고 말할까요?"

"내가 그들을 사랑한다고 말하렴. 그들이 무슨 잘못을 했던간에 회개하면 내가 용서한다고 말해라. 나는 그들의 죄도 기억을 하지 않을 것이다. 그들이 아플 때 나의 마음도 아프다고 이야기 해라. 내가 그들을 기다리고 있고 내가 그들의 상처를 치유할 수 있다고 말해라."

"당신의 사랑과 능력의 메시지에 감사드립니다. 저에게 당신이 원하시는 것을 용기있게 전할 수 있도록 많은 문을 열어주세요. 제가 여기에 있는 것이 천국에 와있는 느낌까지 드네요."

"네가 나하고 보내는 시간은 천국이란다."

"예수님, 감사합니다. 저는 다른 사람들도 제가 지금 느끼고 있는 당신의 사랑과 평안과 행복을 느끼기를 원합니다."

"침묵기도가 너에게 나의 마음을 더 알 수 있는 기회를 주므로 네가 그것을 느끼고 있는거다."

"예수님, 당신이 저를 침묵기도를 하라고 부르지 않으셨다면 제가 많은 것을 배우지 못했을 거에요. 제가 계속 침묵기도를 하기를 원하세요?"

"나의 사랑하는 딸아, 너의 침묵기도는 이제 겨우 시작한 것이란다. 나는 네가 우리 하늘나라의 아버지 집에 도착할 때 까지 침묵기도를 계속하기 원한다. 나의 음성을 듣는 것을 매일 연습을 하려므나. 사람들에게 말을 덜하고 나에게 더 말을 하렴. 이말은 모든 나의 자녀들에게도 하는 말이다. 밖에서 들리는 음성은 덜 듣고 나와 시간을 더 보내고 내 음성을 들으면 그들의 아픔과 상처가 치유가 된단다. 많은 사람들이 사람들의 사랑을 받으려고 나의 사랑을 받으려는데 관심이 없다."

"당신께 누구보다도 관심을 가지고 같이 시간을 보내고 사랑하기를 원합니다."

"네가 이제야 나의 마음을 조금씩 이해하게 되었다." 예수님은 웃으시면서 말씀하셨다.

소녀는 꽃을 꺾어서 예수님께 드리고 노래를 불렀다. "당신은 이 모든 꽃들보다 아름다우신 분이십니다. 당신을 어제보다 오늘 더 사랑합니다."

"나의 딸아, 계속 기도를 하렴. 네가 계속 침묵기도에 힘쓰고 나와 계속 걸으면 네가 지금까지 본 것보다 더 큰 영적 부흥을 볼 수 있게 될 것이다."

소녀는 계속 춤을 추면서 노래를 부르고 예수님은 사랑의 눈으로 바라보셨다. 예수님의 사랑이 소녀의 삶을 변화시켰다. 예수님도 소녀와 춤을 추시자 나비들도 같이 춤을 추기 시작했다. 주님과 함께 있는 그곳에는 기쁨과 웃음만 있었다.

2장:
나의 침묵기도

나의 침묵기도

　한동안 기도에 대해 마치 전화기에 메시지를 남겨 놓는 것처럼 생각한 적이 있었다. 성령님은 그런 내게 하루 24시간의 십분의 일을 기도하라고 부르신 후 새로운 것을 알려주셨다. 하나님께서 하실 말씀이 있으니 말을 하지 말고 기다리라는 것이었다. 기다리는 동안 하나님은 우리와 가까운 사랑의 관계를 원하시며 대화하기 원하신다는 것을 배웠다. 또 하나님의 마음을 이해하게 되고 그분의 사랑을 알게 되었으며 그분이 무엇을 원하시는지 알기 위해서는 침묵기도를 하는 것이 필요하다는 것을 깨닫게 되었다.

　침묵기도를 하는 동안 전화통화와 다른 이들과 대화도 제한하며 하나님과 보내는 시간을 가장 많이 보내려고 노력하고 있다. 오래전에 집에 TV도 없앴으며 세상에 대한 정보도 신문을 대충 훑어보는 것으로 대신한다.

　시간날 때마다 듣던 찬송도 듣지 않고 운전할 때조차 아무것도 듣지 못하게 하신다. 주님께 개인 예배를 드릴 때나 교도소에서 예배를 인도할 때 외에는 음악을 전혀 듣지 않는다. 전에는 묵상기도를 할때 찬송음악을 사용했는데 주님께서 그것도 원치 않고 침묵을 연습하게 하신다. 개인적인 멘토도 중단하고 침묵기도 외에는 사역과 책 쓰는 일만하고 있다. 다른 사람들과 대화를 많이 하는 것을 원치 않으실 때는 그들에게 설명하기 곤란할 때도 있다. 주님은 밖으로부터 듣는 음성을 최대한으로 제한하고 주님의 음성만을 듣게 하시려고 한다. 그런지 4달이 되었는데 얼마나 더 오래 이런 상태를 원하시는지 알 수 없지만 순종하려고 노력한다.

일상속에서 내가 하고 있는 침묵기도 생활을 함께 나누고자 한다.

1. 꿈 저널 - 아침에 깨자마자 간밤의 꿈을 기록하고 주님께 무엇을 말씀하시려는가 여쭈어본 후 주시는 말씀을 적는다. 주님은 꿈 뿐만 아니라 하고 싶은 말씀을 하시는 때가 많이 있다.

2. 성경말씀 - 요즘은 내가 쓴 『하나님 사랑합니다』 책을 하루에 한장씩 읽고 묵상을 한다.

3. 기도 - 나와 여러 사람들을 위해서 기도를 한다. 특히 영적인 지도자들을 위한 기도에 초점을 둔다.

4. 침묵기도 - "주님, 하실 말씀이 있으시면 하십시요" 하고는 눈을 감고 기다린다. 오랫동안 아무 말씀을 하시지 않아도 기다리거나 음성을 주시고 또 마음에 보여주시는 것이 있을 때 무슨 뜻인지 여쭈어 본다.

5. 저널 - 침묵기도 시간중 하신 말씀이 있으면 적는다.

하루종일 기도할 것이 생각날 때마다 기도하며 또 걸으면서도 주님 음성을 경청하는 침묵의 시간을 실행한다. 어떤 일을 하면서도 그분의 음성을 들으려고 마음을 비우고 주님께 말씀하시라고 한다.

저녁에 자기전에는 꿈 저널을 빼고는 똑같이 모든 것을 반복하고 침묵기도의 예배를 드린다.

3장:
마음의 빈깡통과 하나님 사랑

마음의 빈깡통과 하나님 사랑

　침묵기도에서 주님께서 가르쳐주신 것은 하나님은 우리의 마음에 빈깡통을 주셨는데 이 깡통은 하나님의 사랑과 인정으로만 채워진다. 우리가 주님께 겸손히 순종하고 기도로 구할 때 그 분만이 채워 주실 수 있다. 또 우리에게 사랑과 인정을 받고 싶어하는 마음을 주셨는데 그것은 주님과 우리 사이에 가까운 사랑의 관계를 갖기 위해서 주신 것이다. 그것을 모르는 사람들은 타인에게서 사랑과 인정을 받으려고만 추구한다. 그러나 사람들이 주는 것으로는 결코 마음의 빈깡통을 채울 수 없다. 마치 구멍 난 깡통에 물을 붓듯이 계속 넣어도 채워지지 않으므로 실망의 연속일 뿐이다.
　이 마음의 빈깡통을 채우려면 하나님 사랑하는 것을 배워야 한다. 그것을 배우려면 알거지의 신학이 필요하다. 알거지는 아무것도 없는 사람이고 어디서 구걸을 해야 되는 지도 안다. 알거지는 체면을 생각하지 않고 목적만 생각한다. 또 알거지는 보통 거지와 달라서 겸손함과 지혜, 용기와 끈기가 필요하다는 것을 안다. 하나님이 주신 마음의 빈깡통을 채우려면 우리는 알거지의 마음으로 구하는 것을 배워야한다. 네 부분으로 깡통이 채워진다.

첫째, 우리의 믿음으로 깡통의 $\frac{1}{4}$인 25퍼센트가 채워진다. 우리가 하나님을 사랑하는 첫단계인 것이다. 교회에서 예배보고, 성경읽고, 기도하는 것이다. 많은 사람들이 이 곳에 머무른다. 그래도 사람들이 마음속 깊은 곳에 자기들에게 채워지지 않은 것이 있다는 것을 깨닫게 된다. 그래서 무의식 중에도 사랑과 인정의 깡통을 채우려고 다른 사람들을 의지한다. 어떤이들은 다른 사람들에게 사랑과 인정을 많이 받아서 그것으로 만족하는 사람도 있다. 그러나 역시 부족함을 느끼고 목말라한다.

둘째, 우리가 다른 사람들을 섬김으로 깡통이 $\frac{1}{4}$이 더 채워져서 50퍼센트가 되는 단계다. 우리의 은사, 시간과 물질의 희생 등이 섬김이다. 이 단계에서 자기가 하나님을 사랑한다고 믿으며 스스로 만족하는 사람들도 있다. 아직도 반이 채워지지 않은 것을 사람들의 사랑과 인정으로 채우려고 하는 사람들이 있다. 그러나 그것은 실망만 가져다 준다. 왜냐면 사람들이 주는 것은 받는 대로 새버리기 때문이다.

셋째, 개인의 헌신 예배와 기도와 침묵 속에서 하나님을 찾는 것을 배우는 사람이다. 그들은 하나님을 기다린다. 하나님의 사랑과 인정을 깡통에 채우기 위해서 전심을 다해 구한다. 그러는 중에 $\frac{1}{4}$이 더 채워져서 75퍼센트가 찬다. 이것은 열성을 가지고 하나님을 찾는 사람들이다. 그분께 가까이 가면서 그분의 사랑을 더 알게 되고 그러면서 깡통이 채워지는 것이다.

"나를 사랑하는 자들이 나의 사랑을 입으며 나를 간절히 찾는 자가 나를 만날 것이니라" (잠언 8:17).

넷째, 나머지 25퍼센트는 하나님께서 우리에게 오실 때 채워지게 된다. 그분의 임재하심 속에서 그분의 사랑을 느끼고 그분을 사랑 하지 않고는 못배기게 된다. 우리의 깡통에 그분의 사랑으로 가득차게 될 때는 주님이 우리의 사랑을 인정하고 찾아와 주신 것이다. 그 때 우리의 깡통이 100퍼센트 차게 된다. 이럴 땐 다른 사람에게도 사랑과 인정을 나누어 가질 수 있다. 그렇지만 다른 사람들이 당신에게 받는 것으로는 오직 25퍼센트밖에는 영향을 받지 못한다. 또 그것은 금새 없어지고 다시 음식을 구걸해야 하는 것이다. 그래서 그들도 하나님을 사랑하고 가까이 가게되면 그 마음의 빈깡통이 차게 된다는 것을 알려주어야 한다.

하나님을 사랑을 이해하고 그분을 사랑하는 것을 배우면 우리의 마음의 빈깡통은 넘쳐흐른다. 당신의 깡통은 어디까지 채워져 있는가? 하나님께서 내 깡통은 50퍼센트만 채워져 있다고 하셨다. 나는 실망했다. 내심 내 깡통은 제법 채워졌다는 평가를 받을 거라고 기대했기 때문이다. 시험공부는 열심히 하지 않고 점수만 잘 받기 원하는 얌체 신학을 가진 것이 바로 나였다. 그러나 나의 현실점검을 정확히 하는 것은 중요하다. 그래서 하나님을 전심으로 찾고 싶었지만 사역에 바빠서 자꾸 그분을 만나는 것을 등한시했다. 하나님은 다른 사람들의 사랑과 인정으로 내 빈깡통을 채우려 했다는 것을 알고 계셨다. 그래서 나에게 침묵기도를 시키시고 나의 영적인 상태를 보여주셨다.

나는 오랫동안 하나님이 주시는 영적 음식을 먹지 못해서 죽어가는 거지였다. 나는 그럼에도 불구하고 계속 다른 사람들에게 내 것을 나누느라 시간을 보냈다. 그러다 보니 내 깡통을 채울 생각조차 못한 채 굶어 죽어가며 기진맥진한 상태였다. 나의 상태를 파악하게 된 후 나는 겸손을 배우는 알거지가 되어야했다. 일어날 힘도 없이 누워서 주님께 음식을 달라고 구했다. 조금씩 하나님이 주시는 음식을 받아 먹기 시작했지만 아직도 배가 차지 않았다. 그래서 끊임없이 구한다. 침묵기도는 나의 배고픈 배를 채운다.

또 내게는 용기가 필요하다. 내게 가장 필요한 분은 하나님이라는 것을 다른 사람들에게 알려야 한다. 하나님께 더 구해서 많이 받아 먹어야 내가 일어날 수 있다는 것을 알려야 한다. 내가 먼저 살아나야 다른 사람들을 도울 수 있다는 것을 배우고 있다. 하나님께서 침묵기도로 부르시기 전까지는 내 깡통이 바닥을 드러내서 더 이상 남에게 줄 것이 없는 줄도 모르고 헛수고를 하고 있었다. 하나님은 그런 나의 상태를 알려주기 위해 침묵기도를 시키신 것이다. 또 알거지 신학에서 가장 중요한 것 중 하나는 끈기다. 몸이 조금 회복이 되었다고 하나님께 더 이상 구걸하지 않으면 전과 같이 죽어가는 상태가 된다. 그래서 계속 깡통에 아직도 안찬 부분이 있다고 알고 계속 구걸해야 한다.

하나님을 사랑하는 법을 배우는 것은 그분이 주신 깡통을 어떻게 채우는가를 배우는 것이다. 당신의 깡통은 얼마나 채워져 있는가? 당신은 하나님의 사랑과 인정에 고갈되어 있는가? 당신은 하나님의 사랑을 배우려 침묵기도를 하고 있는가? 당신은 계속 다른 사람들에게 퍼주다 보니 자신은 빈깡통이라 영양실조에 걸리지 않았는가? 당신은 아파서 누워서 몸도 못 움직이는 상태에 있는가? 당신은 어떻게 하나님의 영양가 있는 음식을 받아 먹고 있는가? 하나님은 당신에게 어떻게 깡통을 채우라고 말씀하시고 계신가? 당신은 당신의 깡통을 사람들의 사랑과 인정으로 채우려고 하고 있는가?

결론은 우리는 알거지가 되어야 한다. 자신을 알고 겸손히 하나님께 구하는 것을 배우자. 우리를 사랑하시는 하나님께 헌신과 예배를 주일예배는 물론 개인의 시간을 내서 드리자. 침묵기도를 연습하자. 조용히 마음을 가다듬고 주님께 말씀하시라고 하고 기다리는 기도를 하자.

"주님, 당신을 사랑합니다. 당신의 사랑을 알기 원

합니다. 당신을 기쁘게 해드리는 순간순간의 삶이 되기 원합니다. 당신의 사랑으로 내 마음의 빈깡통을 채워주세요. 당신으로 가득차게 해 주세요. 그래서 당신의 사랑이 내 삶을 통해서 나타나기를 기도합니다. 예수님의 거룩하신 이름으로 기도드립니다. 아멘."

4장:
거지 깡통과 자기사랑

거지 깡통과 자기사랑

하나님을 열정적으로 사랑하려고 노력하며 성경을 읽고 기도를 해도 왜 자기자신을 사랑하고 인정하며 받아들이지 못할까? 자기를 사랑하는 것은 불가능하다고 느끼는 사람들도 있다. 하나님의 자녀로서 하나님이 주신 마음의 빈깡통을 채우려고 그분께 구하는 것은 절대적으로 필요하지만 왜 우리는 다른 사람들로부터 사랑과 인정을 받기위한 노력을 끊임없이 하는걸까?

사실 그 이유는 우리가 자란 환경에 따라서 사람들이 만들어낸 거지 깡통을 태어날 때 받았다. 하나님이 주신 사랑과 인정의 깡통은 우리의 마음에 있지만 사람들이 준 깡통은 실제 볼 수는 없어도 자신과 타인은 볼 수 있다.

자기를 사랑하고 인정하지 못하면 늘 남의 관심에 목마르게 되고 그것이 삶의 습관이 되어 남에게 사랑받아야 자신이 가치 있는 사람이라고 착각하게 되는 것이다. 하나님을 믿은 후에도 오직 그 분을 통해서만 마음의 빈깡통이 채워진다는 것을 아직도 잘 모르는 사람들이 있다. 그래서 그들은 계속 사람들에게서 받은 거지 깡통을 채우려고 구걸을 한다. 자신을 사랑하는 것을 배우지 못한 사람은 이웃을 사랑할 수 없다. 왜 우리가 이런 거지의 신분이 되었을까? 왜 하나님을 믿는다고 하지만 우리를 위하여 죽기까지 사랑하신 예수님을 받았는데도 자신들을 사랑하지 못할까? 세상에는 다른 사람들을 사랑하고 인정하기보다는 서로를 비교하고 판단해서 깎아내리려고 혈안이 되어 서로에게 상한 감정을 계속 만들어 내고 있기 때문이다.

하나님은 모든 사람들을 귀하게 여기시고 가치있게 생각하신다. 예수님은 하나님 아버지께서 우리를 얼마나 사랑하시는지 말씀하셨다. "하나님이 세상을 이처럼 사랑하사 독생자를 주셨으니 이는 그를 믿는 자마다 멸망하지 않고 영생을 얻게 하려 하심이라. 하나님이 그 아들을 세상에 보내신 것은 세상을 심판하려 하심이 아니요 그로 말미암아 세상이 구원을 받게 하려 하심이라" (요한복음 3:16~17).

세상사람들의 가치 기준은 하나님의 가치 기준과 다르다. 그래서 우리는 자신을 사랑하는 습관을 길러야 한다. 사람들에게 사랑과 인정을 받으려고 하는 갈구의 종류는 다음과 같다.

- 내가 가진 것의 자랑
- 내가 얼마나 예쁘고 젊고 잘 생기고 똑똑한가?

- 학력은 어느정도인가?
- 어떤 집에서 살고 있나?
- 가정환경이 어떤가?
- 어떤 차를 가졌는가?
- 어떤 친구들이 있는가?
- 부모와 친척은 무엇을 하는가?
- 건강한가? 아니면 병이 들었는가?
- 돈이 얼마나 많은가?
- 여자 아니면 남자로서 어떤 면에서 자랑할 것이 있는가?
- 얼마나 비싼 옷을 입었나?
- 내가 할 수 있다는 자랑
- 하나님의 일과 선교를 얼마나 열심히 하고 있는가?
- 기도를 얼마나 하는가?
- 성경을 얼마나 읽었나?
- 어떤 직장을 다니는가?
- 얼마나 헌금하며 구제하는가?

다시 말해서 내가 가진 것과 내가 할 수 있는 것이 무엇인가에 따라 자신의 가치가 결정된다는 것이다. 기억할 것은 여기의 리스트가 무조건 나쁘다는 이야기가 아니라 그것으로 인간의 가치를 판단해서 적용을 시킬 때 우리는 자신을 사랑 할 수 없고 다른 사람을 하나님께서 원하시는 대로 사랑할 수 가 없다. 우리에게는 부모와 환경등 자신의 의지로 선택이 불가능한 것들이 많이 있다. 그러므로 그런 기준으로 서로 비교, 판단한다면 결국 거지깡통을 채우려는 것에 지나지 않는다.

아무리 내가 가진 것이 많고 재능이 뛰어나다 해도 세상은 비교할 대상이 넘쳐난다. 늘 비교속에서 내가 가지지 못한 것에 초점을 맞춘다면 평생 낮은 자존감속에서 고통당할 뿐이다. 세상의 가치관에 물들어서 상처받고 치유되지 못하면 제대로 자신을 사랑하지 못하게 된다.

어떻게 자신을 사랑하는 것을 배울 수 있을까? 우리가 자신을 사랑하려는 것을 배우려면 하나님의 말씀과 성령님의 치유의 능력이 필요하다. 그것은 잘못된 생각과 가치관과 비교하는 습관을 버리고 하나님의 사랑의 말씀으로 우리를 받아들이는 새로운 습관으로 바꾸는 것을 연습해야 한다.

자신을 사랑하는 기준은 반드시 하나님께 속해야 한다. 그럴 때 알거지의 신학이 여기서 또 필요하다. 겸손, 지혜, 용기, 끈기가 우리에게 절대적으로 필요하다. 사람들에게 사랑과 인정을 받으려고 하는 것을 겸손하게 내려놓아야 한다. 사랑과 인정을 받으려고 하는 생각이 들어올 때마다 하나님의 지혜의 성경말씀과 기도 생활에 초점을 두라. 생각을 바꾸는 것이 힘이 들더라도 용기를 가지고 사람들이 준 거지깡통의 비교, 판단의식을 버리고 자신을 하나님께서 사랑하신 사랑으로 사랑하라. 또 끈기를 가지고 매일 개인예배에서 주님의 음성을 듣는 침묵의 기도의 시간을 보내라. 생각을 바꾸는데 오랜 시간이 걸릴 수 있으나 하나님의 관점에서 자신을 사랑하는 것에 초점을 두면 점점 자신을 사랑하는 것을 배우게 된다.

예수님은 사람들로부터 인정을 받기 원하는 이들을 꾸짖으셨다. 예수님의 제자들도 다른 사람들에게 인정을 받고자 하는 심각한 문제가 있었다. "제자 중에서 누가 크냐 하는 변론이 일어나니 예수께서 그 마음에 변론하는 것을 아시고 어린 아이 하나를 데려다가 자기 곁에 세우시고 그들에게 이르시되 누구든지 내 이름으로 이런 어린 아이를 영접하면 곧 나를 영접함이요 또 누구든지 나를 영접하면 곧 나를 보내신 이를 영접함이라 너희 모든 사람 중에 가장 작은 그가 큰 자니라" (누가복음 9:46~48).

기도: "주님, 다른 사람들에게서 사랑과 인정과 칭찬받기를 원하는 욕망에서 해방되기를 원합니다. 당신의 사랑과 인정만이 저에게 필요합니다."

하나님의 사랑을 받아들여라. 우리가 주님을 기쁘게 해드릴 수 있는 한 가지 방법이 있다면 하나님이 사랑하시는 것을 사랑하는 것이다. 하나님은 우리를 사랑하시며 우리는 자신을 사랑해야 한다.

자신을 사랑하기 위해서 우리는 하나님의 말씀대로 생각과 행동의 변화가 필요하고 영적인 성장과 치유가 필요하다. 자신을 사랑하기 위해서 우리는 우리의 영혼을 돌보아야 한다.

하나님은 당신을 창조하셨고, 죄와 영원한 저주에서 구원하시기 위해 십자가에서 죽으신 예수님을 통해서 당신을 구원하셨다. 예수님은 당신을 사랑하셨기 때문에 그 모든 것을 하신 것이다. 그래서 당신은 자신을 사랑해야 하며, 그것이 바로 하나님이 당신에게 바라는 것이다.

자신을 사랑한다는 것은 이기적으로 자기의 필요와 평안만을 생각하라는 것이 아니다. 하나님이 우리를 소중하게 여기며 사랑하고 용서하신 것을 믿고 받아들이라는 것이다. 그렇게 할 때 우리는 비교, 판단 의식을 버리고 이웃도 나의 몸과 같이 사랑할 수 있는 사랑이 생기게 된다.

기도: "예수님, 제가 지금까지 저의 거지 깡통을 가지고 다니면서 사람들의 사랑과 인정을 구걸한 것을 용서하세요. 그들의 사랑과 인정을 받지 못했을 때 좌절하고 화낸 것도 용서하세요. 저 자신과 다른 사람들을 비교, 판단으로 사랑하지 않은 죄를 용서하세요. 당신께서 우리를 보시는 사랑의 마음으로서 저 자신과 모든 사람들을 사랑으로 대할 수 있는 사랑을 주세요. 주님께서 주신 것으로 저의 것처럼 생각하고 가진 것 없는 사람들에게 자랑하고 그들을 판단한 마음도 용서해 주세요. 주님께서 주신 재능을 주님 영광을 위해서 사용하지 않고 저 자신이 칭찬듣기 위해서 한 것도 용서해 주세요. 주님의 용서와 사랑에

감사합니다. 당신을 마음과 뜻과 정성과 힘을 다하여 저에게 맡겨진 물질을 주님의 나라를 위해서 사용하게 도와주세요. 저의 재능을 주님의 영광을 위해서 사용하여 복음을 땅끝까지 전하기를 원합니다. 당신이 저를 사랑한 것 같이 저를 사랑하고 또 내 이웃을 내 몸같이 사랑할 수 있는 사랑을 주세요."

5장:
침묵기도를 배우는
30일 간의 기도 프로젝트

침묵기도를 배우는
30일 간의 기도 프로젝트

이 30일간의 기도 프로젝트는 침묵기도를 하기 위한 분들을 위한 지침서이다.

(1) 외부 음성 제한하기: TV, 라디오, 음악과 사람들과 말하는 것을 할 수 있는대로 주님에게 여쭈어 가면서 제한을 하라. 밖에서 들리는 것이 많을 때 우리의 마음에 고요히 말씀하시는 하나님의 음성을 듣기 힘들다.

기도: "주님, 제가 당신이 주시는 지혜로서 당신이 원치 않는 사람들과의 대화와 소음을 제한 할 수 있게 도와 주세요."

(2) 성경읽기: 마음에 닿는 어떤 복음서든 선택해서 읽고, 예수님의 마음을 이해하라. 이것을 연습하는 데에는 두 가지 방법이 있다. 하나는 매일 30분씩 복음서(마태, 마가, 누가, 요한)를 읽는 것이다. 다른 하나의 방법은 30일 동안 하나의 복음서를 매일 읽는 것이다.

기도: "성령님, 저를 당신의 지혜와 지식으로 채워주세요. 성경말씀을 이해하여 예수님의 마음을 알게

해 주시고 그 분의 사랑을 깨달아 사랑할 수 있기를 원합니다."

(3) 매일 30분 기도하기: 하나님께 15분 동안 말하고, 나머지 15분은 고요한 가운데 하나님의 음성에 귀를 기울이라.

(4) 주님과 당신의 대화를 기록하라: 예수님에 관해 알 수 있는 복음서를 읽은 후, 예수님이 당신의 마음안에서 하신 것이라고 생각되는 말씀들을 적어라.

기도: "주 예수님, 저에게 말씀하시고자 하는 것이 있으시면 말씀해 주세요. 성령님, 하나님의 사랑을 이해하고 사랑하는 마음을 가질 수 있도록 은혜를 베풀어 주세요."

(5) 하나님께 예배드리기: 우리는 하나님을 사랑하며 하나님께 찬양과 예배를 드리기 위해서 창조되었다. "그는 보이지 아니하는 하나님의 형상이시요 모든 피조물보다 먼저 나신 이시니 만물이 그에게서 창조되었으되 하늘과 땅에서 보이는 것들과 보이지 않는 것들과 혹은 왕권들이나 주권들이나 통치자들이나 권세들이나 만물이 다 그로 말미암고 그를 위하여 창조되었고 또한 그가 만물보다 먼저 계시고 만물이 그 안에 함께 섰느니라. 그는 몸인 교회의 머리시라 그가 근본이시요 죽은 자들 가운데서 먼저 나신 이시니 이는 친히 만물의 으뜸이 되려 하심이요. 아버지께서는 모든 충만으로 예수 안에 거하게 하시고" (골로새서 1장15~19).

교회 예배에 참석할 뿐만이 아니라 매일 하나님을 예배하는 시간을 가지고 찬양하라. 하나님을 사랑하는 것은 그 분의 현존하심을 인식하고 당신의 사랑을 경배와 찬양과 감사함으로 드리는 것이다.

(6) 회개로 용서함과 깨끗함을 받아라: 모든 이들을 용서하라 우리가 자신을 사랑하려면 자신은 물론 모든 이들을 용서해야 한다. 회개의 시간을 갖고 자신을 하나님이 사랑하시는 "용서받은 자녀"로 받아들이라. 아래의 순서를 따라서 회개를 할 수 있다.

1) 다음의 성경말씀을 읽고 묵상하면서 만약 당신이 어떤 죄를 저질렀다면, 하나씩 그 죄를 회개하라. 주님이 당신의 마음을 정결하게 하실 것이다.

"육체의 일은 분명하니 곧 음행과 더러운 것과 호색과 우상숭배와 주술과 원수 맺는 것과 분쟁과 시기와 분냄과 당 짓는 것과 분열함과 이단과 투기와 술 취함과 방탕함과 또 그와 같은 것들이라 전에 너희에게 경계한 것 같이 경계하노니 이런 일을 하는 자들은 하나님의 나라를 유업으로 받지 못할 것이요"(갈라디아서 5:19~21).

2) 당신의 어린 시절로 돌아가 당신이 만난 모든 이들을 기억하라. 만약 당신이 잘못한 누군가가 있다면, 하나님께 용서를 구하라.

3) 하나님보다 사람이나 물질을 더 사랑해서 순종하지 않은 것이 있다면 회개하라.

4) 당신에게 죄를 지은 모든 이를 용서하라. 그들

을 축복하고, 당신이 그들을 생각할 때마다 그들을 위해 축복하며 기도하라.

5) 성령님께 당신이 회개해야 할 죄가 있는지 기억할 수 있도록 도와 달라고 간구하라.

기도: "주님, 저의 죄를 용서해 주세요. 저에게 죄를 지은 모든 사람들을 용서합니다. 그들을 예수님의 이름으로 축복합니다. 성령님, 제가 회개 할 것이 있으면 말씀해 주십시요. 주님, 저의 죄를 용서해 주셔서 감사합니다."

(7) 성경묵상: 누가복음 4장18~19절 성경을 묵상하고 암기하라. 주님과 성령의 능력으로 하나님 안에서 자유를 찾고 치유를 얻어라. 마음에 평안이 없고 혼동이 올 때 예수님의 능력을 믿고 이 말씀을 묵상하라. "주의 성령이 내게 임하셨으니 이는 가난한 자에게 복음을 전하게 하시려고 내게 기름을 부으시고 나를 보내사 포로 된 자에게 자유를, 눈 먼 자에게 다시 보게 함을 전파하며 눌린 자를 자유롭게 하고 주의 은혜의 해를 전파하게 하려 하심이라 하였더라."

이 말씀은 예수님만이 아니라 예수님을 믿는 모든 사람들을 위한 것이다. 예수님은 하나님의 일을 하기 위해서 성령의 기름 부으심을 받으셨고, 우리는 주님을 섬기고 승리의 삶을 살도록 성령의 기름 부으심을 받았다. 성령님은 회개하고 주님을 구주로 영접한 자들을 위한 선물이다.

(8) 예수님을 사랑한다고 말하기: 당신이 예수님

을 생각할 때마다 그 분을 사랑한다고 말하는 습관을 길러라. 사랑은 결심이다. 주님을 얼마나 사랑하고 있는지 고백함으로써 예수님을 기쁘게 해드릴 수 있다. 예수님은 당신을 사랑하므로 사랑받기를 원하신다.

기도: "주 예수님, 전 당신을 그 어떤 누구, 그 어떤 것보다 더 사랑합니다. 저의 사랑이 당신에게 기쁨을 가져올 수 있도록 해 주세요."

(9) 예수님 찬양하기: 당신은 "예수님, 당신을 위해 어떤 노래를 부를까요?"라고 예수님께 여쭐 수 있다. 주님은 원하시는 노래를 주실 수 있다. 하지만 만약 아무런 음성도 듣지 못했다면, 예수님이 듣고자 하신다고 생각되는 노래를 불러라. 예수님께 "예수님, 이 노래는 당신을 위한 것입니다"라고 말씀드릴 수 있다. 그리고 만약 당신의 노래가 다른 이들에게 방해가 된다면 조용히 부르거나 소리내지 말고 마음으로 읽어 드릴 수도 있다.

"그리스도의 말씀이 너희 속에 풍성히 거하여 모든 지혜로 피차 가르치며 권면하고 시와 찬송과 신령한 노래를 부르며 감사하는 마음으로 하나님을 찬양하고 또 무엇을 하든지 말에나 일에나 다 주 예수의 이름으로 하고 그를 힘입어 하나님 아버지께 감사하라"(골로새서 3장16~17).

(10) 예수님께 사랑의 편지 쓰기: 예수님께 사랑의 편지를 쓰고, 당신을 위해 하신 일들에 대해 감사

드려라. 또한 예수님께서 당신을 얼마나 사랑하시는지에 대한 사랑의 편지를 써보라.

(11) 하나님의 음성을 듣는 법 배우기: 우리의 마음에 들리는 네 가지 음성이 있다. 1) 당신의 음성, 2) 다른 사람들의 음성, 3) 사탄의 음성 (악한 음성), 4) 성령님의 음성 (선한 음성).

사탄의 음성을 받아들이고 따라간다면 당신은 마음의 평정을 잃고 죄의 굴레로 빠져 들게 될 것이다. 당신이 다시 마음의 평안을 찾기 위해서는 회개해야만 한다.

성령님의 음성은 마음에 평안함과 정신적 안정과 위안을 주시며 좋은 일을 하라고 지시하시기도 하신다. 당신이 그 음성에 순종하면 주님을 기쁘게 할 뿐만 아니라 평안과 기쁨을 얻게 될 것이다.

(12) 성령을 체험하지 못했다면, 매일 한 시간씩 고요함 속에서 음성을 듣기 위해 노력하라: 처음에는 어렵지만, 만약 꾸준히 실천한다면 결국 응답을 받게 될 것이다. 마음을 정돈하고 침묵하며 정화시키며 그분의 응답을 기다리는 데에 많은 시간이 걸릴 수 있다. 하지만 그것은 매우 중요하다. 우리의 영적인 성장은 하나님과의 관계와 대화속에서 성장할 수 있기 때문이다.

기도: "예수님, 저에게 말씀해 주세요. 제가 듣고 있습니다."

인내를 가지고 기다려라. 그러면 당신은 주님의

음성을 듣게 될 것이다.

(13) 성만찬 성경 묵상을 하라: 예수님께서 우리에게 기억하라고 하신 것이 성만찬식이다. 그 성경을 읽고 묵상하고 외워서 그분의 사랑을 더 이해하라. 당신을 위해서 자신의 목숨까지 내어 주신 예수님의 사랑을 이해하면 그분에 대한 사랑이 자란다.

"예수께서 잡히시던 밤에 떡을 가지사 축사하시고 떼어 제자들에게 주며 말씀하시기를 '이것은 너희를 위하여 주는 내 몸이니 너희가 이를 행하여 나를 기념하라' 하시고, 식후에 또한 그와 같이 잔을 가지고 축사하시고 제자들에게 주며 말씀하시기를 '이 잔은 죄 사함을 얻게 하려고 너희와 많은 사람들의 죄를 위하여 흘리는 나의 새 언약의 피니 이것을 행하여 마실 때마다 나를 기념하라'하고 하셨습니다" (연합 감리교회 한영찬송가).

기도: "주님, 저의 죄를 위해서 고통 당하시고 피 흘리신 것을 더욱 잘 이해하도록 은총을 내려주세요. 그래서 당신의 사랑을 더 알게 해 주세요."

(14) 예수님을 초청하라: 만약 당신이 아직도 예수님을 마음에 영접하기 않았다면 예수님을 초청하라.

기도: "주 예수님, 제 삶을 당신께 드립니다. 저의 삶에 임하여 주세요. 저의 모든 죄를 용서해 주세요. 당신을 따를 수 있도록 도와 주세요. 성령님의 도우심으로 당신을 기쁘게 할 수 있는 삶을 살 수 있도록

인도하여 주세요. 예수님의 이름으로 기도 드립니다. 아멘."

(15) 당신의 상한 마음을 하나님의 능력을 통해 치유를 받아라: 슬픔과 상실감에서 치유를 받아야 한다. 사랑하는 사람을 사별하거나 이혼, 아니면 관계를 잃었다 해도 그것으로 계속 슬퍼하면 하나님과의 관계에 부정적인 영향을 끼치게 된다. 왜냐하면 하나님을 사랑하는 것보다는 사람에게 초점을 두게되고 우리에게 없는 것에 중점을 두다보면 그 분에게 치유를 받기가 어려워지기 때문이다. 그 분께 초점을 두고 치유를 구하라.

하나님께 상한마음을 치유 받으려면 그 분께 모든 것을 내려놓아야 한다. 만약 당신이 그 사람을 계속 붙잡고 있다면, 당신의 마음은 얼어 붙은 것과 같아서 제 기능을 발휘하지 못하고, 하나님과 다른 이들을 사랑하는 것에 집중할 수 없게 될 것이다.

기도: "주 예수님, 전 당신의 손에 제 사랑하는 이를 내려놓습니다. 저의 사랑하는 사람을 돌보아 주세요. 당신이 저의 사랑하는 사람을 돌보신다는 것에 대한 확신을 가질 수 있도록 도와 주세요. 제 모든 걱정, 근심, 공포를 당신께 드립니다. 당신을 더 사랑할 수 있도록 제 사랑하는 사람과 함께 하고픈 마음도 가져가 주세요. 저의 상한 마음을 치유해 주세요."

(16) 영적인 공격을 받고 있다면 자유함을 받아라: 하나님을 사랑하려면 그 분에게 마음을 집중을

해야 하는데 마귀는 그것을 방해하려고 할 것이다. 우리에게 잘못된 생각을 심어주고 혼란하게 해서 죄악된 길을 가게 하려고 한다는 것을 잊지말고 예수의 이름으로 마귀를 물리치며 계속 기도와 말씀을 묵상하라.

마귀는 우리에게 하나님이 우리를 사랑하지 않으신다고 거짓말을 하려 할 것이다. 자기혐오에 갇혀 있다면, 우리는 하나님도 우리자신도 사랑할 수 없다. 예수님은 절망과 실망에서 우리를 해방시키셨다. 주님께 도움을 구하고 자신을 사랑하는 것을 배워라.

기도: "주 예수님, 절망, 실망, 무력함 등의 파괴적 생각들로부터 저를 자유롭게 해 주세요. 당신 안에서 희망을 찾도록 도우시고 유혹과 혼란에 저항할 수 있는 말씀을 주세요. 당신을 사랑하고, 성령님께 순종해서 자유, 평안, 기쁨을 누릴 수 있도록 도와 주세요. 생명의 복음을 다른 이들에게 전할 수 있는 믿음과 사랑과 용기를 주세요."

(17) 정결하게 살아라: 하나님께 가까이 가고 그분을 사랑하려면 정결한 삶을 살아야 한다. "끝으로 형제들아 무엇에든지 참되며 무엇에든지 경건하며 무엇에든지 옳으며 무엇에든지 정결하며 무엇에든지 사랑 받을 만하며 무엇에든지 칭찬 받을 만하며 무슨 덕이 있든지 무슨 기림이 있든지 이것들을 생각하라" (빌립보서 4:8).

기도: "성령님, 당신을 기쁘게 하는 사랑스러운 성

품을 가질 수 있도록 도와 주세요. 제가 고쳐야 할 점을 깨닫고 고치므로 당신의 뜻대로 살기를 원합니다. 성령님, 예수님과 하나님을 사랑하는 것에 집중할 수 있도록 마음을 붙잡아 주세요. 하나님을 사랑하고 섬길 수 있도록 저의 생각들을 다스려 주세요."

(18) 할 수 있다면 다른 이들과 함께 화목하라: "그러므로 생명을 사랑하고 좋은 날 보기를 원하는 자는 혀를 금하여 악한 말을 그치며 그 입술로 거짓을 말하지 말고 악에서 떠나 선을 행하고 화평을 구하며 그것을 따르라. 주의 눈은 의인을 향하시고 그의 귀는 의인의 간구에 기울이시되 주의 얼굴은 악행하는 자들을 대하시느니라 하였느니라. 또 너희가 열심으로 선을 행하면 누가 너희를 해하리요. 그러나 의를 위하여 고난을 받으면 복 있는 자니 그들이 두려워하는 것을 두려워하지 말며 근심하지 말고" (베드로전서 3:10~14).

우리는 자신을 사랑하는 것처럼 남을 사랑해야 한다. 사람들은 사랑과 존경을 받기 원한다. 그래서 우리는 다른 사람을 사랑과 존경으로 대해야만 한다. "너희가 진리를 순종함으로 너희 영혼을 깨끗하게 하여 거짓이 없이 형제를 사랑하기에 이르렀으니 마음으로 뜨겁게 서로 사랑하라" (베드로전서 1:22). "뭇 사람을 공경하며 형제를 사랑하며 하나님을 두려워하며 왕을 존대하라" (베드로전서 2:17).

기도: "주님, 당신께서 모든 사람들을 사랑하신 것

처럼 사랑하게 저를 도와 주세요."

(19) 하나님의 사랑의 복음을 전파하라: 다른 이들의 영혼을 사랑하고, 예수님을 그들에게 소개하라.

"예수께서 나아와 말씀하여 이르시되 하늘과 땅의 모든 권세를 내게 주셨으니 그러므로 너희는 가서 모든 민족을 제자로 삼아 아버지와 아들과 성령의 이름으로 세례를 베풀고 내가 너희에게 분부한 모든 것을 가르쳐 지키게 하라 볼지어다 내가 세상 끝날까지 너희와 항상 함께 있으리라 하시니라"(마태복음 28:18~20).

기도: "성령님, 저로 하여금 복음을 전하며 다른 사람들의 믿음 성장을 도와 줄 수 있도록 기회와 용기와 힘을 주세요. 예수님을 증거하기를 원합니다. 성령님, 저를 축복하사 죽은 영혼들을 주님앞으로 많이 인도할 수 있도록 도와 주세요. 당신의 영광을 위해서 최대한으로 사용해 주세요. 아멘."

(20) 가난한 자들을 돌보라: 하나님께서 우리에게 주신 부요는 하나님의 영광을 위해서 다른 사람들을 섬기라고 맡겨 주신 것이다. 우리의 가진 것으로 다른 사람들의 영혼구원과 영적인 성장뿐 아니라 가난한 자들 병든자들 감옥에 있는자들을 도와야 한다. 주님은 우리가 가장 작은 이들을 돕는 것이 그 분을 돕는 것이라 하셨다. 아직 아무런 봉사를 하고 있지 않고 있다면 당신이 섬길 수 있는 교회나 단체를 찾아서 주님을 섬기는 것 같이 그들을 섬기라.

기도: "주 예수님, 당신이 원하시는대로 다른 사람들을 도울 수 있도록 허락해 주세요. 저에게 관용의 마음을 주세요."

우리는 사랑의 존재이다. 우리는 사랑받기 원하고, 사랑하기 원한다. 하나님은 우리를 자신의 형상대로 창조하셨다. 하나님이 사랑의 성품을 가지고 계시기에, 우리 역시 사랑의 성품을 가지고 있는 것이다. 우리는 다른 사람에게 사랑을 받을 때 행복함을 느낀다. 특히 우리가 사랑하는 사람에게 사랑을 받을 경우에 그 행복함은 이루 말할 수 없다.

사랑을 받지 못할 때나 사랑할 사람이 없을 때는 외로움과 슬픔을 느낀다. 그것은 우리가 인간적 사랑에 집중하기 때문이다. 인간 사랑에는 한계가 있다. 대개의 경우, 인간의 사랑은 조건적 사랑이다. 하지만 하나님의 사랑은 우리가 생각하거나 상상할 수 있는 것과는 비교할 수 없을 정도로 크시다. 심지어 우리가 하나님을 사랑하지 않아도 그분은 우리를 사랑하신다. 하나님은 사랑의 관계를 가지기 위해 우리를 만드셨으므로 우리의 사랑을 원하고 계신다. 예수님께서 십자가에서 우리의 죄를 위해 돌아가신 것은 우리를 사랑하시기 때문이다. 사랑은 하나님께로부터 출발한다. 우리는 독생자 예수를 십자가에 못박으실 만큼 우리를 사랑하신 하나님을 사랑하라고 부름을 받은 사랑받는 자녀들이다.

부록

<예수님께로 초대>

여러분은 삶이 너무 어렵고, 고통스러우며, 무의미하다는 생각을 한 번이라도 해보셨습니까?

사실 인간의 삶이 그렇습니다. 우리가 예수님을 마음에 영접하고 그분의 사랑을 이해하며 하나님께 용서를 받고 주님을 위해서 살려고 하기 전까지는 우리의 마음에 참된 평안이나 기쁨을 맛볼 수가 없습니다. 예수님을 믿고 그분의 사랑을 맛보고 어려운 삶 가운데에도 하나님을 위해서 복음을 전하는 사람이 되라고 권고하고 싶습니다.

예수님께서는 우리를 위해서 십자가에 죽으시고 부활하셔서 우리를 위해 기도하고 계십니다. 예수님을 아직도 영접하지 않으셨다면 이 시간에 기도로 그분을 영접하시고 구원을 받으십시오.

"예수님, 저는 죄인입니다. 저는 이 시간 주님을 영접하기 원합니다. 저에게 오셔서 저의 모든 죄를 용서하시고 저의 삶을 주관하시고 성령님의 인도하심으로 복음을 전할 수 있는 주님의 제자가 되기 원합니다. 제 마음의 모든 상처도 치유해 주시고 주님의 평안과 기쁨을 저에게 주시옵소서. 예수님의 이름으로 기도드립니다. 아멘."

교회를 안 다니신다면 믿음의 성도들과 교제할 수 있고 성경을 잘 가르치는 교회를 찾으시길 바랍니다.

성경을 매일 읽으시고 기도하시며 주님을 알려고 노력하십시오. 어떤 성경을 읽어야 좋을지 모르신다면 신약 복음서 (마태, 마가, 누가, 요한)를 읽고 예수님이 누구신지를 배우시기 바랍니다. 예수님의 사랑을 이해하고 예수님과 더 가까운 관계를 가지시려면 그분을 성경을 통해서 아는 것이 매우 중요합니다. 마음이 아플 때는 예수님께 상처를 치유해 달라고 기도하시고 또 어려움이 있을 때는 찬송을 부르며 주님에게서 위로를 받으며 승리하는 삶이 되시기를 바랍니다. 이 세상이 아무리 험하고 어려워도 주님께서 도와주시면 승리하시는 삶을 살 수 있습니다. 주님을 위해서 살며 열매 맺는 삶을 살아야겠다는 목표를 가지고 사시기를 바라며 또 영적 성장을 위해서 기도 하시기를 바랍니다.

"예수님, 저에게 당신의 지혜를 주셔서 성경을 이해할 수 있게 해주시고 아직 용서 못한 사람이 있다면 다 용서할 수 있도록 당신의 사랑을 저의 마음에 부어주세요. 어떻게 살아야 하나님께 영광을 돌릴 수 있는지도 가르쳐 주시고 저에게 주님을 가르쳐 줄 수 있는 당신의 제자들도 만날 수 있게 도와 주세요. 주님께서 저의 죄를 대속해서 십자가에 돌아가신 사랑도 더 알 수 있도록 저의 마음의 문을 열어주세요. 성령님, 저의 하루하루를 하나님께로 인도해 주시고 당신의 뜻에 순종 할 수 있게 해주세요. 예수님의 이름으로 기도드립니다. 아멘."

"하나님이 세상을 이처럼 사랑하사 독생자를 주셨으니 이는 그를 믿는 자마다 멸망하지 않고 영생을 얻게 하려 하심이라" (요한복음 3:16).

변화 프로젝트
(Transformation Project Prison Ministry)

2005년에 설립된 변화 프로젝트는 감옥 문서 선교 비영리단체로서 17만권도 넘는 책들과 비디오들이 미국 전역으로 교도소, 형무소 그리고 노숙자 보호소에 목사들을 통해서 무료로 배포되고 있습니다. 아담스카운티 교도소 수감자들의 신앙간증을 엮은 책이 영어로 6권, 스페인어로 2권이 출판 되었고, 비디오 영화가 4편이 제작되었습니다. 변화 프로젝트는 예수님의 복음을 땅끝까지 전하여 영혼 구원과 영적 성장을 초점으로 하는 소망의 문서 선교입니다.

변화 프로젝트를 후원하기 원하시는 분들은 수표를 Transformation Project Prison Ministry로 쓰시고 아래 주소로 보내주시면 됩니다.

Transformation Project Prison Ministry
5209 Mountview Blvd., Denver, CO 80207

홈페이지: www.maximumsaints.org
http//blog.daum.net/hanulmoon24
이메일: tppm.ministry@gmail.com
yonghui.mcdonald@gmail.com

2013년에 한국에서 변화 프로젝트가 설립되었습니다.
한국 연락처: 이 본 목사, 변화 프로젝트 부장
하늘문교회, 인천시 남동구 구월3동
1388-15, 우편번호 405-840
Cell: 010-2210-2504, 교회전화: 070-8278-2504
이메일: leeborn777@hanmail.net

하늘문선교회

하늘문선교회는 지극히 작은자에게 사랑과 소망의 가교 역할을 합니다. 미국에서 추방된 교포형제, 자매들, 미국교도소에서 이송된 형제, 혹은 추방자, 교도소접견, 교도소집회간증, 문서 선교를 통한 신앙치유 사역을 하고 있습니다.

후원계좌: 국민은행 048-401-04-062403
        <예금주 이 본>
이 본 목사, 하늘문선교회 회장
인천시 남동구 구월3동 1388-15, 우편번호 405-840
Cell: 010-2210-2504, 교회전화: 070-8278-2504
이메일: leeborn777@hanmail.net
홈페이지: http//blog.daum.net/hanulmoon24
       http//blog.daum.net/leeborn777

재향 군인회 재단
(Veterans Twofish Foundation)

2011년 재향 군인회라는 비영리단체가 설립되어서 군인들과 군인 가족들의 신앙간증 책을 출판하여 미국 전역으로 교도소, 형무소, 노숙자 보호소 그리고 군인들에게 목사님들을 통해서 무료로 배포되고 있습니다.

재향 군인회를 후원하기 원하시는 분들은 수표를 Veterans Twofish Foundation으로 쓰시고 아래 주소로 보내주시면 됩니다.

    Veterans Twofish Foundation
    P.O. Box 220, Brighton, CO 80601
    홈페이지: veteranstwofish.org

저자 소개

-이영희-
(Yong Hui V. McDonald also known as Vescinda McDonald)
- 수원장로교 신학교 졸업 (1979년)
- Multnomah University, Portland, Oregon 졸업 (1984년 못노마 대학, 오레건주 학사학위 이수)
- Iliff School of Theology, Denver, Colorado, Master of Divinity 졸업 (2002년 아일맆 연합감리교 신학대학원, 석사 학위 이수)
- Asbury Theological Seminary (박사학위 과정)
- Denver Women's Correctional Facility Intern Chaplain (2000~2001년) (덴버 여자 감옥 목회자 인턴쉽)
- Iliff Student Senate and Prison Ministry Coordinator (1999~2002년) (사회활동 위원회에서 활동하였으며, 교도소 선교를 시작함)
- Smoky Hill United Methodist Church (2001~2002년) (한인연합감리교회 목사 인턴쉽)
- Memorial Hospital, Colorado Springs, Colorado, Chaplain Intern Ship (2002년) (병원 목사 인턴쉽)
- St. Joseph Hospital, Denver, Colorado (2002년~현재 병원에서 목사로 재직)
- Adams County Detention Facility Chaplain, Brighton, Colorado (2003~현재 아담스카운티 교도소에서 목사로 재직)
- 2005년 감옥 문서 선교 비영리단체를 설립함. 변화 프로젝트 (Transformation Project Prison Ministry)를 설립하여 책들과 비디오들이 미국 전역에 교도소, 형무소 그리고 노숙자 보호소에 목사들을

통하여 무료로 배포하고 있습니다. 아담스카운티 교도소 재소자들의 신앙간증을 엮은 책이 영어로 6권, 스페인어로 2권이 출판 되었고, 비디오 영화가 4편이 제작되었습니다.

- 2008년 남편이 교통사고로 소천한 후 하나님의 치유를 경험하고 영적성장과 영적 치유를 돕는 문서선교 (Griefpathway Ventures LLC)를 2010년에 설립하여 그에 관한 책들이 영어와 스페인어 또 한국어로 출판 되었습니다.
  홈페이지: www.griefpathway.com
- 2011년 군인들과 군인 가족들의 신앙간증을 발행하는 재향 군인회 재단 (Veterans Twofish Foundation)라는 비영리단체를 설립하였습니다. 군인들과 군인 가족들의 신앙간증을 출판하고 미 전역으로 교도소, 형무소 그리고 노숙자 보호소에 목사들을 통해서 무료로 배포하고 있습니다.

About The Author

Yong Hui V. McDonald, also known as Vescinda McDonald, is a United Methodist minister, chaplain at Adams County Detention Facility (ACDF) in Brighton, Colorado. She is a certified American Correctional Chaplain, spiritual director and on-call hospital chaplain.

She is the founder of the following:
- Transformation Project Prison Ministry (TPPM), a 501(c)(3) non-profit, in 2005. TPPM produces Maximum Saints books and DVDs of ACDF saints stories of transformation and they are distributed freely to prisons, and homeless shelters.
- GriefPathway Ventures LLC, in 2010, to produce books, DVDs, and audio books to help others to process grief and healing.
- Veterans Twofish Foundation, a 501(c)(3) non-profit, in 2011, to reach out to produce books written by veterans and veterans' families to reach out to other veterans and their families.

Education:
- Suwon Presbyterian Seminary, Christian Education (1976~1979)
- Multnomah University, B.A.B.E. (1980~1984)
- Iliff School of Theology, Master of Divinity (1999~2002)
- Asbury Theological Seminary, student of Doctor of Ministry (2013~present)

Books and Audio Books by Yong Hui:
- *Journey With Jesus, Visions, Dreams, Meditations & Reflections*
- *Dancing In The Sky, A Story of Hope for Grieving Hearts*
- *Twisted Logic, The Shadow of Suicide*
- *Twisted Logic, The Window of Depression*
- *Dreams & Interpretations, Healing from Nightmares*
- *I Was The Mountain, In Search of Faith & Revival*
- *The Ultimate Parenting Guide, How to Enjoy Peaceful Parenting and Joyful Children*
- *Prisoners Victory Parade, Extraordinary Stories of Maximum Saints & Former Prisoners*
- *Four Voices, How They Affect Our Mind: How to Overcome Self-Destructive Voices and Hear the Nurturing Voice of God*
- *Tornadoes, Grief, Loss, Trauma, and PTSD: Tornadoes, Lessons and Teachings—The TLT Model for Healing*
- *Prayer and Meditations, 12 Prayer Projects for Spiritual Growth and Healing*
- *Invisible Counselor, Amazing Stories of the Holy Spirit*
- *Tornadoes of Accidents, Finding Peace in Tragic Accidents*
- *Tornadoes of Spiritual Warfare, How to Recognize & Defend Yourself From Negative Forces*
- *Lost but not Forgotten, Life Behind Prison Walls*
- *Loving God, 100 Daily Meditations and Prayers*
- *Journey With Jesus Two, Silent Prayer and Meditation*

- *Women Who Lead, Stories about Women Who Are Making A Difference*
- Complied and published *Tornadoes of War, Inspirational Stories of Veterans and Veteran's Families* under the Veterans Twofish Foundation.
- Compiled and published five *Maximum Saints* books under the Transformation Project Prison Ministry.

DVDs produced:
- *Dancing In The Sky, Mismatched Shoes*
- *Tears of The Dragonfly, Suicide and Suicide Prevention (Audio CD* is also available*)*

Spanish books:
- *Twisted Logic, The Shadow of Suicide*
- *Journey With Jesus, Visions, Dreams, Meditations and Reflections*

Korean books (한국어로 번역된 책들):
- 『예수님과 걷는 길, 비전, 꿈, 묵상과 회상』
  (*Journey With Jesus, Visions, Dreams, Meditations & Reflections*)
- 『치유, 사랑하는 이들을 잃은 사람들을 위하여』
  (*Dancing In The Sky, A Story of Hope for Grieving Hearts*)
- 『꿈과 해석, 악몽으로부터 치유를 위하여』
  (*Dreams & Interpretations, Healing from Nightmares*)
- 『나는 산이었다, 믿음과 영적 부흥을 찾아서』
  (*I Was The Mountain, In Search of Faith & Revival*)

- 『하나님의 치유를 구하라, 자살의 돌풍에서 치유를 위하여』 (*Twisted Logic, The Shadow of Suicide*)
- 『승리의 행진, 미국 교도소와 문서 선교 회상록』 (*Prisoners Victory Parade, Extraordinary Stories of Maximum Saints & Former Prisoners*)
- 『네가지 음성, 악한 음성을 저지하고 하나님의 음성을 듣는 영적훈련』 (Four *Voices, How They Affect Our Mind*)
- 『하나님 사랑합니다, 100일 묵상과 기도』 (*Loving God, 100 Daily Meditations and Prayers*)
- 『영적 전쟁에서의 승리의 길』 (*Tornadoes of Spiritual Warfare, How to Recognize & Defend Yourself From Negative Forces*)
- 『예수님과 걷는 길 2편, 침묵기도와 묵상』 (*Journey With Jesus Two, Silent Prayer and Meditation*)

그린이 소개

-박영득-

박영득 (Holly Weipz)은 콜로라도 주 브라이튼시에 있는 성 어거스틴교회를 섬기고 있으며 특히 성체조배와 그림, 일러스트레이터를 통하여 주님께 영광을 드리는 자원봉사자입니다.

Holly Weipz, a resident of Brighton Colorado, is a participant of the City of Brighton's Artist on Eye of Art Program. She is a member of St. Augustine Catholic Church and enjoys drawing and painting.

그린이 소개

-Mario Muñoz-

"영희 맥도날드 목사님이 예배 중에 하나님과의 관계에 대해서 기도 중에 있을 때, 삽화를 목사님을 위해서 그려야 한다는 생각이 강하게 들어왔다. 나는 목사님이 이 책을 쓰고 있었다는 것도 전혀 모르고 있었다. 그림을 그리면서 『예수님과 걷는 길 2편』을 읽을 수 있었던 귀하고 멋진 기회를 통하여 나의 삶은 주님으로 인하여 바뀌었으며, 이제 내가 왜 하나님께 순종해야 하는지를 깨닫게 되었다. 이 책은 하나님의 음성을 마음을 다하여 경청해야 한다는 것을 배우는 영혼의 옹달샘과 같은 책이다."
-마리오 뮤네즈, 일러스트레이터

"I was listening to Chaplain McDonald during a Chaplains Worship Services. She was praying about our relationship with God. I immediately felt compelled to create illustrations for her, all the while having no knowledge of this book or it's contents. When I finally had the awesome opportunity to read *Journey With Jesus Two*, it transformed my life. I now understand the great need of listening to and obeying God. This book is certain to drive home the importance of listening to what God wants to tell you!"
-Mario Muñoz, Illustrator

Made in the USA
San Bernardino, CA
30 May 2015